Renan et Nous

8° Z
21172 (18)

OUVRAGES DU MÊME AUTEUR

Chez BERNARD GRASSET.

Philosophie du Gout musical (Collection « *Les Cahiers Verts* »).

Chez GARNIER Frères, Éditeurs.

La morale de Nietzsche.

Les idées de Nietzsche sur la musique.

Le Romantisme français (Essai sur la révolution dans les idées et les sentiments au XIX° siècle).

La Doctrine officielle de l'Université (Critique du haut enseignement de l'Etat. — Défense et théorie des humanités classiques).

Portraits et discussions.

Les Chapelles littéraires (Claudel — Jammes — Péguy).

Henri de Sauvelade, roman.

Chez PLON-NOURRIT, Éditeurs.

Le Crime de Biodos, roman.

Cinquante ans de pensée française.

Chez PAYOT et Cⁱᵉ, Éditeurs.

L'Esprit de la musique française (de Rameau à l'invasion wagnérienne). *Ouvrage couronné par l'Académie française.)*

Frédéric Mistral, poète, moraliste, citoyen. *(Couronné par l'Académie française.)*

A la NOUVELLE LIBRAIRIE NATIONALE.

M. Alfred Croiset, historien de la démocratie athénienne.

Chez CRÈS, Éditeur.

La Promenade insolite, roman.

LES CAHIERS VERTS

PUBLIÉS SOUS LA DIRECTION DE

DANIEL HALÉVY

18

Renan et nous

PAR

P'ERRE LASSERRE

BIBLIOTHÈQUE

LIBRAIRIE GRASSET

LES CAHIERS VERTS

1. Louis Hémon. - *Maria Chapdelaine* . . . . . . épuisé

2. Gabriel Marcel. - *Le Cœur des autres* . . . . . . épuisé

3. Joachim Gasquet. - *Il y a une Volupté dans la douleur* . . . . épuisé

4. Daniel Halévy. - *Visites aux Paysans du Centre* . . épuisé

5. Émile Clermont. - *Le Passage de l'Aisne* . . 5 francs

6. Logan Pearsall Smith. - *Trivia* . . . . 5 francs

7. Louis Bertrand. - *Flaubert à Paris ou le Mort vivant* . . . . 6 francs

8. François Mauriac. - *Le Baiser au Lépreux* . . épuisé

9. Raymond Schwab. - *La Conquête de la Joie* . . épuisé

10. Marie Lenéru. - *Saint-Just* . . . . 5 francs

11. Pierre Lasserre. - *Philosophie du Goût musical* . . 5 fr.

12. Robert Browning. - *Poèmes précédés, d'une Etude, par Mary Duclaux* . . 6 fr.

13. George Moore. - *Mémoires de ma vie morte* . . 6 fr. 50

14. Jean Giraudoux. - *Siegfried et le Limousin* . . épuisé

15. Drieu La Rochelle. - *Mesure de la France* . . 5 francs

16. Ramón Gómez de la Serna. *Echantillons, présentés par Valéry Larbaud* . . 6 fr. 50

17. Julien Benda. - *La Croix de roses* . . . . 5 francs

---

CONDITIONS d'ABONNEMENT à UNE SÉRIE de DIX CAHIERS

Sur papier vert lumière (la série de dix cahiers) . . . . 315 fr.

Sur papier pur fil Lafuma   —   . . . . 225 fr.

Sur papier bouffant ordinaire   —   . . . . 45 fr.

Imprimerie E. DURAND, 18 Rue Séguier, Paris

« *LES CAHIERS VERTS* »

PUBLIÉS SOUS LA DIRECTION DE DANIEL HALÉVY

18

Renan et Nous

PAR

PIERRE LASSERRE

PARIS

BERNARD GRASSET

61, RUE DES SAINTS-PÈRES

1923

CE DIX-HUITIÈME CAHIER, LE TROISIÈME DE L'ANNÉE MIL
NEUF CENT VINGT-TROIS, A ÉTÉ TIRÉ A SIX MILLE SEPT CENT
TRENTE EXEMPLAIRES, DONT TRENTE EXEMPLAIRES SUR
PAPIER VERT LUMIÈRE NUMÉROTÉS DE I A XXX ; CENT EXEM-
PLAIRES SUR VÉLIN PUR FIL LAFUMA NUMÉROTÉS DE XXXI A
CXXX ; ET SIX MILLE SIX CENTS EXEMPLAIRES SUR VERGÉ
BOUFFANT NUMÉROTÉS DE 131 A 6.730.

Tous droits de traduction, de reproduction et d'adaptation
réservés pour tous pays.
Copyright by Bernard Grasset 1923

RENAN ET NOUS

CHAPITRE PREMIER

UN TRAVAIL QUI N'EN FINIT PAS

Bibliothèque Nationale

Voici trois années, et davantage, que ceux de mes amis qui ont la gentillesse de s'intéresser à mes travaux d'écrivain ne m'abordent guère sans cette question aux lèvres : « Et votre *Renan ?* »

Hélas ! Hélas ! Et mon *Renan ?* Il s'attarde, il n'arrive pas, et ce n'est pas encore lui que je présente en ce petit volume. Au train dont tout marche en ce siècle de la linotype et des transports aériens, il aurait eu plusieurs fois le temps d'arriver, depuis que les bulletins de presse et les journaux de librairie ont commencé d'en annoncer la venue. Que

1

dis-je ? Ce n'est pas d'*un* Renan que j'aurais pu enrichir, en ce temps, mes œuvres complètes. C'est de deux ou de trois. Encore un écrivain un peu actif aurait-il trouvé le moyen de composer par-dessus le marché, dans les intervalles des chapitres, *un* Taine, *un* Edmond Scherer et *un* Sainte-Beuve, destinés à diverses collections. Mon impuissance à mener à bon port le seul Renan n'en est que plus déplorable. Je l'aurai laissé mourir de faim en route ou toucher de quelque autre accident mortel. Inutile de scruter un horizon où il aurait paru déjà, s'il avait dû jamais y paraître. Il est mythique comme la caravane de Marouf.

La caravane de Marouf finit tout de même par émerger des sables et entrer dans la ville. Ainsi en sera-t-il de ce *Renan*, un peu trop affiché et commenté avant d'être (sans qu'il y ait eu là de ma faute), à condition, du moins, que les dieux ne m'envoient pas d'ici quelques mois, moi, son auteur, habiter les demeures inférieures où l'on n'est plus en peine d'écrire. Il approche ; et ce n'est pas, si j'ose le dire, l'ardeur du souffle ni la nécessaire alacrité de l'impulsion qui lui font défaut. S'il a sur l'horaire ce retard déjà fabuleux, la cause en est dans la longueur folle du circuit où il lui a plu de s'engager et dans le fait que, pour accomplir ce démesuré périple, il ne dispose que des plus antiques et surannés moyens de locomotion, des mêmes avec lesquels Sainte-Beuve a parcouru le champ de son *Port-Royal,* ou Montesquieu celui de l'*Esprit des Lois,* incubation patiente, investigation minutieuse des faits et des textes, longue réflexion sur les hauts problèmes que ceux-ci soulèvent, rêverie sans fin sur les plus vastes et générales perspectives du sujet. Même ces grands hommes, avec de tels moyens, n'allaient pas bien vite en besogne. Que dire de votre humble serviteur ! Je n'ai pas vu comment j'en pourrais adapter de plus modernes à mon lourd convoi, afin d'en accélérer l'allure. Je ne suis même pas parvenu à en imaginer de tels.

N'aurais-je pu cependant choisir un chemin plus bref et me frayer, à travers le pays renanien, un itinéraire moins exorbitant et moins sinueux que celui auquel je viens de faire allusion ? Je l'aurais pu certes. Et, sans aucun doute, l'aurais-je dû, si j'avais tenu, avec le proverbe, que celui-là est condamné à mal étreindre, qui embrasse trop. Mais ce proverbe n'est pas sûr. Et je croirais plutôt que c'est celui-là qui a fait grande attention à ne pas trop embrasser, qui étreint mal. Ce prétendu sage n'est pas si sage ! Du moins, ne le doit-on louer que d'une sagesse subalterne. Son désir, trop raisonnablement mesuré et pondéré pour courir le risque d'être contrarié, n'a pas acquis cette violence intérieure qui répond à une compression subie. Les étreintes qu'il détermine sont donc sans feu. Autant dire qu'elles sont médiocres. Au contraire, des efforts répétés pour embrasser un objet qui excède un peu (il ne faut évidemment pas que la disproportion soit absurde) l'ampleur de nos moyens, augmentent la force de nos muscles en les exerçant, et la pression énergique et obstinée de l'objet finit par le faiie rentrer dans nos prises. Ayant entrepiis plus que nous ne pouvions, mais nous y étant jeté de toute notre ardeur, nous en venons à pouvoir ce que nous ne pouvions pas. L'application à notre œuvre nous développe et nous grandit. C'est déjà un résultat. Il s'accompagne d'une grande joie intérieure. Il donne de l'intérêt à la vie.

L'étude de Renan, je l'avais commencée (l'avouerai-je ?) un peu à la légère. Une demi-douzaine de conférences destinées à des gens du monde en avait été l'occasion. Devant cet auditoire, je m'aperçus bien vite qu'il était préférable de ne pas insister sur les côtés forts du sujet. J'aurais même nié que ces côtés existassent et insinué que c'était surtout comme savoureux humoriste, comme amuseur un peu audacieux et intempestif d'une époque d'ailleurs révolue, que Renan se recommandait à notre mémoire, qu'on ne m'en eût pas su mauvais gré. Je n'allai pas jusque-là. Mais les grands et redoutables problèmes, problèmes, non d'une époque, mais de toutes les époques, problèmes universels de la vie même de l'humanité, qu'évoquent de toutes parts les écrits de l'auteur de la *Vie de Jésus* et de la *Réforme intellectuelle et morale*, c'est à peine si je les effleurai et les fis entrevoir. Je n'en laissai point passer l'âpre vent sur un public qui ne l'aurait pas supporté. Cette diminution ou, du moins, cet affaiblissement contraint de ma matière pouvait se justifier par de bien délicates convenances du lieu où je me trouvais parler. Si j'étais répréhensible, c'était plutôt pour n'avoir pas assez prévu l'étroitesse des bornes dans lesquelles ces convenances allaient resserrer ma pensée. Mettons qu'il s'agît d'un auditoire de

« droite », catholique à peu près, et conservateur. Un auditoire de « gauche », protestant, libre-penseur, démocrate, s'il m'eût également convié à l'entretenir dans des circonstances mondaines, impliquant pour moi l'obligation de ménager ses sensibilités, comme le doit un hôte irréprochable, ne m'aurait pas causé moins de malaise, bien que le malaise eût porté, en ce cas, sur d'autres points. La pensée de Renan ne soulève pas moins de difficultés quant aux dogmes de ces milieux, qui ont leurs dogmes aussi, que quant à ceux du catholicisme.

La conclusion que je tirai de cette instructive expérience, fut un honnête ;— faut-il dire un orgueilleux ? — dégoût pour toute mutilation de cet opulent et dangereux sujet : Renan. Il fallait en respecter l'intégrité ou n'y toucher pas. Tout ou rien. Il fallait me taire sur Renan ou me mettre de moi-même, avec cette pleine indépendance de jugement dont beaucoup se vantent, dont il est aisé de

se donner les apparences, mais dont l'exercice est très difficile et n'a jamais été plus
rare qu'aujourd'hui, en face des immenses
questions qui sont le pivot de son œuvre,
comme elles ont été, au moment où il a
rompu ses engagements de cléricature
pour continuer d'ailleurs à s'occuper de
la religion, le pivot de sa destinée. Edul-
corer Renan, écrire sur lui en voilant,
de part et d'autre, au gré des divers dogmatismes, les brèches que sa critique a
pu creuser dans ces dogmatismes, voilà
un enfantillage intellectuel que je préfé-
rais laisser à de plus accommodants et
qui ne peut d'ailleurs être profitable à
aucune cause. Mes conférences, superficielles malgré moi, étaient imprimées pour
former un livre. Je demandai à l'éditeur
la résiliation du traité. Il eut la complaisance d'y consentir. J'eus le devoir de
couvrir sa dépense.

CHAPITRE II

Mon ambition me jetait sur un champ à peu près neuf et inexploré, où j'avais tout à faire pour tracer mes voies. C'est une chose curieuse que, depuis trente ans qu'il est mort, l'écrivain français (et ne pourrait-on pas dire européen ?) le plus important de la seconde moitié du XIXe siècle, n'ait inspiré à la critique aucun travail d'ensemble concernant lui-même et son œuvre, embrassant sous une même vue sa personnalité, si nouvelle dans notre littérature, et son apport de critique et de doctrine à l'histoire générale de l'esprit humain. Il y a, dans les *Essais de psychologie contemporaine* de Paul Bourget, un essai, supérieur, je n'ai pas besoin de le dire, sur la pensée renanienne ; mais cette pensée y est saisie sous le point de vue du mélancolique adolescent de 1880 dont Bourget, en ce livre fameux, s'est fait l'interprète, et qui cherche, dans ses auteurs favoris, des sources de rêve et d'émotion imaginative. Aussi se présente-t-elle sous des aspects trop partiels pour être tout à fait vrais et qu'une considération plus étendue et plus objective devrait sensiblement modifier et surtout élargir. Il y a le livre charmant de Mme Mary Darmesteter (Mary Duclaux), le meilleur des livres qui aient été écrits sur Renan. C'est une esquisse biographique, pleine de charme, très fine, mais rapide, et sans visées critiques ni philosophiques. Je connais encore trois volumes qui, portant sur leur couverture le nom de Renan, ont ces visées. Ils se traînent en réalité bien au-dessous d'elles. Leurs auteurs, dont l'un professe une philosophie anti-cléricale, le second, une libre pensée austère, tendue, très moralisante, quoique incertaine de doctrine, le troisième, le catholicisme, ont négligé d'acquérir par l'étude, les diverses compétences nécessaires pour suivre et juger les travaux de l'auteur dont ils traitent. Quant à l'image qu'ils nous donnent de sa personnalité même, de son esprit, de ses sentiments, de son humeur, du résidu moral des expériences si variées de sa vie, elle répond plutôt à la brièveté d'imagination, à l'aigreur de sentiment, à la chétivité de perspective de ces peintres qu'à l'abondante et riche physionomie du modèle. Je n'ai trouvé quasi aucun secours dans ces écrits.

L'un d'eux, cependant, a quelque chose de bien, son sous-titre : *Essai de biographie psychologique.* Oui, voilà ce qu'une étude de Renan doit être tout d'abord : une biographie psychologique. La nécessité pour la critique, de pénétrer l'homme chez l'écrivain, est très variable selon les écrivains. Jacques Bénigne Bossuet, il n'y

a pas tant de mal à se donner pour s'insinuer dans les replis de son âme et y
chercher les empreintes successives de la
vie. Cette âme n'a pas de replis. Elle est
unie et tout d'une pièce. La vie l'a très
peu changée. La magnifique candeur du
jeune clerc de Sorbonne, nous la retrou-
vons chez le vieil évêque de Meaux, plus
majestueuse et plus assurée seulement, et
rayonnant en visions plus belles. Sa philosophie des événements, il n'a pas eu à
la modeler de saison en saison, d'après
la leçon des événements eux-mêmes ; il
la trouve dans une doctrine qui a la fixité
de l'éternité. Victor Hugo est également
simple, non par l'effet d'une doctrine,
qu'il ne posséda jamais, mais parce que
cette très forte nature physique vit très
peu en soi-même. Que faut-il connaître,
pour le connaître ? Les grands courants,
remous et rumeurs de son siècle, la
direction des vents publics qui, à chaque époque de sa carrière de poète,
se sont engouffrés dans « l'écho so-

nore » de cette splendide imagination orchestrale. Auguste Comte, lui, a terriblement vécu. Mais il a tout vécu en un seul coup. Il est, comme saint Paul, l'homme d'une catastrophe morale qui lui a tout appris dans un éclair, et dont son interprétation impérieuse a fait sortir, avec une rigidité sans nuances, un monde de conclusions systématiques. Tout autre, et à l'autre pôle des types humains supérieurs, (j'aurais pu encore citer, pour préciser le contraste, Descartes), notre Ernest Renan. Voilà, s'il en fût, une âme, de trempe d'ailleurs puissante (puissance et complexité, elle en est la preuve, ne s'excluent point), que la nature et la race n'ont pas construite simplement ; elles y ont prodigué les replis, les détours et les dessous, les plans et les arrière-plans, et, par là même, la multiplicité et la finesse des surfaces impressionnables aux expériences intellectuelles et affectives les plus délicates et les plus ténues. Cette âme trouve là de profondes ressources pour se

réserver et pour garder mille positions de
refuge contre les chocs qui pourraient la
bouleverser et auxquels elle est, par ailleurs, fort sensible. Ajoutez à ce raffine-
ment de structure la richesse (qui peut-
être, avec un léger degré de la force centrale et coordinatrice en moins, eût été
dispersion), des dons et des facultés. Sous
l'action de circonstances propices, ce
qu'elle contenait s'est déroulé en une
longue et mouvante histoire, suite ou
réseau de drames sans violence (rien ne
peut être violent dans une nature qui a
tant de variété intérieure), mais renouvelés
toujours et résultant des conflits de cette
âme avec elle-même ou avec les faits du
dehors. Cette histoire, il faut la suivre.
Comme on se sentirait dans le conven-
tionnel, comme on aurait d'avance glacé
et pétrifié son sujet, si l'on abordait Renan
philosophe, Renan historien, Renan érudit, Renan exégète, sans avoir exploré
Renan ! Les conseillers municipaux d'Issy-
les-Moulineaux ont donné son nom à la

rue qui longe le séminaire où il vécut
deux années de sa jeunesse. Et, pour expliquer au peuple comment il mérita cet
honneur, la plaque le dénomme, ainsi
qu'elle eût fait Descartes, « philosophe
français ». Intention respectueuse, pieux
hommage ; ils ont cherché le plus beau
mot. Mais quel massacre ! Ils auraient
mis « Renan » tout court, qu'ils en eussent
dit beaucoup plus long et l'auraient mieux
célébré. Ils ne s'en doutaient pas.

Parcourons-la donc rapidement et à vol
d'oiseau (puisque aussi bien elle ne fait
pas le principal objet du présent écrit),
cette « biographie psychologique » qui
devra prendre Renan aux origines et
comme aux racines nourricières de son
être et se lier à tous les mouvements
d'esprit et de cœur par lesquels cet être
a réagi aux épreuves de sa propre destinée, aux révolutions de son époque, se
modifiant et s'informant lui-même, je ne
dirai pas (c'est à voir), se perfectionnant,

à mesure qu'il avançait dans la carrière.
Enumérons-en les articles principaux et,
en quelque sorte, les têtes de chapitre.

La Bretagne natale, d'abord, Tréguier,
l'enfance orpheline couvée sous les ailes
de la vieille cathédrale, familière avec
l'horizon marin dont l'immensité l'invite
au rêve, avec le vent de la côte dont les
durs assauts la forment aux mouvements
intérieurs de la résistance, de la hardiesse
et du défi ; l'humble et tendre entourage
familial, si intelligent ; cette mère, enjouée
et gracieuse dans le malheur, type charmant de finesse d'esprit dans la simplicité
populaire, de malice dans la vertu ; cette
sœur, Henriette, vie sacrifiée, sombre
vierge, l'une des intelligences féminines
supérieures de son siècle, étouffant sous
les cendres du métier d'institutrice la
flamme d'une nature fiévreuse, la plus
faite pour les passions de l'amour et de
la maternité ; l'arrivée du petit Breton à
Paris, sa crise mélancolique, son premier
repli hostile et farouche devant l'éclat,

mêlé d'artifice, de ce monde parisien qu'il entrevoit par les fenêtres du petit séminaire et où le règne d'une religion plus curieuse d'éloquence et d'ornement que lourde de doctrine, d'une politique plus tournée aux fastes de la tribune qu'aux grandeurs et aux solidités de l'action, promet un sort brillant au boursier d'Eglise qui aura su être, sur les bancs du collège, un virtuose rhétoricien ; les premiers succès, qui l'apprivoisent et le réconcilient, ou, du moins, l'accommodent, sans diminution pourtant d'une personnalité, souple et ingénieuse certes, mais forte et granitique aussi, et qui ne se laissera jamais entamer ; l'éveil du fond d'ironie qui voisine avec le mysticisme et le rêve dans cette nature de Celte et de Gascon ; puis, le grand séminaire, les hautes et fortes études abordées avidement, les longues heures de rêverie et d'ivresse intellectuelle dans la solitude du parc d'Issy, les philosophes modernes faisant irruption dans l'intelligence du

jeune clerc et en balayant la poussière
d'une scolastique surannée ; au terme
de ce travail d'esprit de quelques mois,
le doute, le doute radical et foncier, arrivant, non en coup de foudre, mais par
menue et rapide infiltration, et ayant tôt
fait de ruiner, dans cet esprit, qui ne
s'effraye plus de rien, les murailles bran-
lantes de la philosophie et de la théologie orthodoxes, le pilier intellectuel de
la foi ; alors, la crise de la volonté avec
ses phases haletantes et cruelles ; la piété
du cœur luttant avec les froides exigences
de la raison ; la crainte aiguë d'affliger,
de terrifier une pieuse mère, en conflit
avec les obligations de la loyauté envers
soi-même et envers autrui ; l'angoisse de
s'arracher aux chauds abris, aux tendres
bras de l'Eglise maternelle, pour se lancer
seul, pauvre, sans protection, en pleine
mêlée sociale et y voir peut-être la corvée
du gagne-pain, les servitudes d'une existence et d'une ambiance vulgaires écraser
le développement d'une vie intellectuelle

et spirituelle qui est le trésor auquel on tient par-dessus tout ; contre ce sentiment d'effroi qui paralyse toute décision, les enivrants appels de la liberté et de la gloire, les frémissants pressentiments des vastes ambitions dont on se sent la vigueur ; l'intervention dans ce combat, dont il semble bien que l'intéressé n'eût pu sortir par ses seuls moyens, de la providentielle Henriette, rendant moralement et matériellement possible la sortie de Saint-Sulpice ; les premiers pas du clerc libéré au dehors, la pension Crouzet, l'amitié avec Berthelot, trois années passées dans une fièvre et comme une fureur d'absorption de toutes les idées, de toutes les matières d'études ; le grand coup de vent de la Révolution de Février sur l'imagination et la sensibilité émancipées de ce jeune Faust avide d'embrasser tout, sur les ailes de cet oiseau de mer qui se cherche dans les grands espaces d'une pensée que rien ne limite plus ; la fin des inquiétudes « temporelles » et l'orientation sûre de la carrière, grâce à l'agrégation de philosophie obtenue en 1848 ; en un mot, toutes les expériences, émotions, perspectives et traverses de cette destinée sans précédent, jusqu'au jour où l'arrivée au port officiel ôte à ses incidents mêmes la vibration de la poésie et du pathétique, pour la concentrer dans l'âme du héros de l'histoire et dans les luttes de sa pensée. A partir de là, une existence publique offerte à tous les regards et touchée de bien des souffles opposés, qu'elle tamise pour garder sa continuité et son harmonie apparentes, mais qu'elle ressent ; les arrangements et les équilibres successifs qui se composent entre les tendances de cette nature trempée aux sources les plus différentes : entre la latinité de sa culture intellectuelle admirable et de son puissant bon sens politique, et l'anti-latinité de ses fibres celtiques où vit l'âpre ressouvenir de l'idéal et de la mystérieuse cause des vieux Celtes que l'ordre romain refoula, — entre un mysticisme qui n'estime

d'une manière absolue que le contact
avec Dieu, la participation de l'âme individuelle à quelque chose d'infini et un
rationalisme froid, entêté à déchirer au
tranchant de sa critique la toile de
toutes les croyances métaphysiques et
religieuses de l'humanité, — entre la nostalgie du passé, du passé dans la spiritualité,
dans les institutions patriarcales et vénérables duquel cette imagination cherche
un abri contre l'insulte d'une époque
de démocratie, d'industrie, d'argent, et
cette sorte de prophétisme scientifique
qui l'incline à reprendre, avec addition de
couleurs bibliques, la philosophie de la
perfectibilité selon Condorcet ; le passage
alterné de ces idées, de ces passions, de
ces aspirations au premier plan d'une
pensée, toujours large et compréhensive
d'ailleurs, dont elles modifient tour à
tour la nuance ; le Renan des sept ou
huit années qui ont suivi 1848, idéaliste
souple et sensible, tout épris de la lumière
de l'Italie et des civilisations méridionales,

avec une certaine pointe anti-protestante ;
le Renan des années suivantes, infléchi
(peut-être sous des influences domestiques),
vers le protestantisme et la religiosité
allemande, sans y perdre d'ailleurs son
ampleur de sens critique, et ayant un peu
tendu et roidi son idéalisme moral ; le
Renan des voyages en Syrie et de la *Vie
de Jésus*, écrivant cet ouvrage sous la
dictée de ses visions et intuitions psychologiques d'Orient, auxquelles semble
s'être mêlé le rêve, plus délicat et subtil
que fort, d'une certaine nourriture à
composer pour les âmes religieuses de
son temps qui ont gardé, dans le naufrage
de la foi dogmatique, la nostalgie chrétienne ; le Renan d'après ce coup de
tonnerre, rejeté vers les libertins par
l'universel *tolle* de l'orthodoxie catholique et protestante, désabusé, par la
nature même de son succès, de ses vel-
léités de Fénelon rationaliste, débarrassé,
sinon dans le for intime, du moins dans
sa pensée et son exposition d'historien,

de toutes les vapeurs et de tout le pathos
de la religiosité germanique, de toutes les
lourdeurs du moralisme kantien, adop-
tant le ton et la lucidité de l'histoire et
déroulant la grande et brillante nappe de
son œuvre centrale, ces six volumes des
Origines du Christianisme qui vaudront
toujours comme monument de philosophie naturelle et d'observation humaine,
quand même une information documen-
taire plus serrée (et, à ce point de vue,
l'œuvre résiste plus qu'on ne se plaît à
le dire) et une conception moins acerbe
et plus fraternelle de la psychologie de la
foi en rejetteraient dans le détail maintes
thèses de fait et en nuanceraient autrement maintes interprétations morales ; le
Renan de la guerre et d'après la guerre,
frappé, comme tant d'autres, dans ses illusions traditionnelles sur la Prusse libérale
et protectrice de la raison en Europe,
invité par le malheur de la France à
reprendre, en le corrigeant et le dévelop-
pant, un fond de méditations déjà admi-

rables sur la constitution moderne de son pays et aboutissant à un ensemble de vues, le plus ferme et le plus profond, sur la destinée et le salut politique des Français, vues demeurées, hélas ! sans crédit auprès de la plupart des éléments dirigeants et conservateurs à qui elles traçaient leur voie utile, à cause de la simplification de jugement un peu fanatique qui voulait que l'auteur de la *Vie de Jésus* n'eût voix à aucun conseil, même le plus étranger aux matières de théologie ; le Renan de la troisième République, accusé de complaisance envers le régime par des gens qui n'eussent pas demandé mieux que de le lapider, si le régime ne l'eût couvert, mais ne s'étant pas montré l'esclave de cette protection, due, pour une part, à des motifs inférieurs à lui, et n'y ayant rien perdu de sa liberté intellectuelle pour définir les fruits de médiocrité générale qu'il attendait de ce régime, héritier de notre défaite ; le Renan des dernières années, la plus grosse des

célébrités parisiennes, Nestor des inter-
wiewers, abusant un peu de la popularité
littéraire, prêtant les formes d'une fantaisie subtilement renouvelée de Shakespeare à la Muse amère de l'universelle
désillusion, achevant son œuvre avec une
vigueur d'application et une sûreté d'art
sans défaillance, mais distillant dans les
conclusions de cette œuvre, comme dans
ses propos familiers un pessimisme qui
se présente comme une sagesse finale et
nous laissant sous cette impression qu'il
a existé une sorte de corrélation et d'affinité sympathiques entre les idées désolées
de ce grand esprit sur l'irrémédiable
abaissement de la civilisation française et
européenne dont il est ou croit être
témoin, et le nihilisme métaphysique défi-
nitif qui balaye du ciel, à ses yeux, du
ciel auquel il n'a cessé d'adresser, je crois,
depuis Saint-Sulpice, de vagues et ti-
mides interrogations sans espoir, les suprêmes et douteuses lueurs d'un rayon
divin... Je m'arrête. La longueur de cette

énumération blesse toutes les règles de la rhétorique et l'on en voudra bien excuser le caractère superficiel et sommaire. Elle marque, dis-je, les chapitres d'une « Vie » de Renan, à laquelle j'ai travaillé et travaille et qui sera enclose dans l'étude de plus vaste envergure dont j'explique le retard avec une indiscrétion personnelle rendue nécessaire par les circonstances. On voudra bien observer, du reste, que les explications de mon aventure sont des explications sur le fond du sujet, non dépourvues peut-être de toute substance.

Si je m'en étais tenu à ce travail biographique où les idées et les théories se fussent montrées de biais, comme témoignages et documents, sur la personne, mon ouvrage serait achevé, il aurait paru. Il aurait eu, au moins, autant de « succès » et peut-être plus que je n'en dois espérer pour celui que je prépare. Le public aurait trouvé dans un livre ainsi rempli ce qu'il en attendait et qu'il avait bien raison d'en attendre, mais aussi tout ce qu'il en attendait ; et, en cela, il se fût trompé, cette limitation de ses exigences eût été une erreur. En montrant combien est nécessaire dans une étude sur Renan l'abondance des renseignements expiessifs sur l'homme et sur sa vie, je crains d'avoir enfoncé une porte trop ouverte. Trop de gens sont enclins, par une certaine paresse intellectuelle, à s'intéresser à un homme plus qu'à ses idées, même lorsqu'il s'agit d'un homme qui a secoué son siècle avec ses idées. En ce qui concerne Renan, cette préférence est devenue une habitude et comme un lieu commun de la critique. On dirait, à la façon dont il est couramment parlé de lui, que son œuvre compte uniquement par le cachet de sa personnalité, et non pai ce qu'elle peut avoii versé de nouveau et de général au trésor séculaire de l'intelligence fiançaise et de la science humaine. Thèse fiivole contre laquelle j'ai deux motifs de me retourner vivement : l'un, c'est

qu'elle pourrait trouver en ce que je viens
d'écrire sur l'importance d'une profonde
étude psychologique de Renan, une apparence de justification et d'appui ; l'autre,
c'est qu'il existe, en sa faveur, d'insidieuses
raisons générales qui ont concouru à
l'insinuer dans les esprits.

La première de ces raisons tient à la
qualité de personnalité intellectuelle de
Renan, à ce qu'elle a réellement (au bon
ou au mauvais sens du mot) de séducteur.
Je ne dirai pas qu'il a été le plus grand
des écrivains français de son époque (personne n'est le plus grand écrivain d'aucune époque). Il en a été, au sens de bien
des esprits, le plus attirant, par l'effet de
tous les contrastes qui jouent en lui,
par cette grâce caressante dont s'enveloppe, chez lui, un fond d'âpreté et
de passion, par l'alliance étrange d'une
entière sincérité avec une pensée riche
en énigmes, sur laquelle il semble souvent
qu'on n'ait pas de prise définitive. Peut-
être nous sera-t-il donné, en considérant

la race, de pénétrer dans le secret de cette complexion un peu plus avant qu'on ne l'a fait jusqu'ici. Quand je me livre à une certaine impression générale que j'en reçois, quand, ayant tant fréquenté Renan, je rêve à lui, il m'apparaît sous l'image d'un grand paysage sous-marin baigné dans l'émeraude des eaux transparentes. Ce paysage a ses profondeurs et ses retraites ; mais l'œil qui y plonge ne sait si ce qu'il voit se perd dans les profondeurs ou est à fleur d'eau. Si cette image rend en quelque mesure le genre d'attrait charmant, mais un peu irritant aussi, qui émane de lui, on conçoit que l'intelligence critique des gens ait pu en ressentir une sorte d'effet endormeur qui a retenu leur attention sur le charmeur même et qui l'a détachée pour autant de l'examen méthodique, analytique (osons dire, malgré l'inélégance du mot : objectif) de sa pensée.

Or, cette disposition d'esprit négative s'est vue confirmée et encouragée par trois autorités dont l'accord en ceci est piquant, car on ne les peut soupçonner d'aucun acte de connivence : l'autorité des théologiens, celle des érudits, celle d'Ernest Renan en personne.

A la vérité, certains théologiens seulement, et non pas ceux-là en qui nous devons voir les représentants les plus éminents et les plus avertis de l'intelligence catholique. Ceux dont je parle, plus ou moins inégaux aux difficultés des questions qu'a traitées Renan, et frappés de la gravité des errements de la *Vie de Jésus*, ont cherché la cause de ces errements dans les singularités ou les perversités de sa nature, ne pensant pas qu'il eût pu y être conduit par l'inspection intellectuelle des problèmes auxquels ces errements se rapportent. Leur critique, partant de ce point de vue qui ne s'adossait pas à une psychologie très éclairée, a beaucoup mis la personne de Renan en vedette.

Des érudits, qui ne sont pas non plus

les plus fins entre les érudits, et, en particulier, des érudits allemands, ont dénié
la valeur de son érudition en raison de
tout ce qu'ils lui reconnaissaient de grâce
et de fantaisie dans l'esprit. Nous contestons leur humble raisonnement, car
on ne peut être un bon érudit sans goût.
Mais eux aussi ont caché l'œuvre derrière
l'homme.

Lui-même enfin, dans la dernière partie
de sa vie, a beaucoup suivi le conseil de
Beulé lui persuadant (sans peine, je le
suppose) que, plus il entretiendrait le
public de soi, plus il lui ferait plaisir.
Nous n'aurons pas l'ascétisme de blâmer
un défaut de sobriété qui nous a valu
les *Souvenirs d'enfance et de jeunesse*, et
qu'il n'y a pas péril de voir imiter par les
exégètes en général. Mais le tour de certaines confidences, de certains épanchements *sub rosa*, créa autour de l'illustre
administrateur du Collège de France une
atmosphère de familiarité publique, ayant
quelque vague similitude avec celle qui

avait entouré Béranger et dont il ne se rendit peut-être pas bien compte. Cet état d'esprit inspira certain article de Jules Lemaître, fameux en son temps et en fit le succès. Lemaître en prenait à son aise avec le grand homme. Il avait été l'écouter à son cours et il l'avait trouvé « gai ». Comment peut-il être gai, demandait-il, lui qui a passé sa vie à constater, dans l'étude de l'histoire universelle, la vanité des choses humaines ? Cette antithèse était présentée sous toutes ses faces et ramenée comme un refrain. Soit dit sans porter atteinte aux sentiments de tendre admiration que je conserve à Lemaître : c'était spirituel et un peu sot. Et Renan n'en était pas tout à fait innocent.

CHAPITRE III

Ce qu'a de juste, ce qu'a eu d'excessif cette complaisance pour le côté individuel se sent assez de soi-même. Mais voici un fait, un fait qui a dominé de son retentissement et de son éclat toute la vie publique de notre auteur, et dont il nous suffit d'observer la nature pour y trouver bien des lumières sur cette question. Renan a secoué son époque avec un livre qui tomba comme un coup de tonnerre. L'ébranlement, parti de France, se propagea avec une fulgurante rapidité dans tous les pays latins, tandis que les pays germaniques et anglo-saxons étaient loin de s'en émouvoir autant. Comparons cet événement aux événements qui lui ont ressemblé, aux quelques exemples que la littérature moderne nous offre de cette sorte de choc violent porté aux esprits par une publication littéraire. Le rapprochement est instructif. Il nous apprend à distinguer, dans un tel effet, la part personnelle de l'écrivain qui le produit et la part impersonnelle des idées qui ont trouvé en cet écrivain leur organe. Ces idées viennent à leur heure ; il y a dans leur apparition quelque chose de fatal ; elles se fussent, de toute manière, frayé un chemin dans la société. Mais leur mode d'action sur les esprits peut varier beaucoup, selon le mode de pénétration qui leur est offert. Tantôt elles se répandent par infiltration et circulation progressives. Tantôt elles agissent comme un explosif.

Descartes, Voltaire, les plus hardis des esprits, n'ont jamais connu dans leur carrière ces victoires brusques qui agitent tout. Ils ont établi, chacun dans son domaine, leur royauté intellectuelle, par une longue suite de moyennes batailles gagnées, quelquefois perdues. Ce sont deux Français, du cœur de la France, l'un parisien, l'autre poitevin. Jean-Jacques Rousseau, avec son premier écrit contre la civilisation, avec son *Discours sur l'origine de l'inégalité parmi les hommes*, a fait se dresser tout le monde. Une clameur a jailli. Tout le monde s'est passionné. Tout le monde a senti qu'un souffle (dissolvant ou vivifiant, je ne le recherche point) passait à travers le vieil édifice social, la vieille organisation des mœurs. Or, Rousseau est un Suisse. Ce n'est pas un Allemand, ni un Slave. C'est un Génevois, un étranger voisin de nous, proche de notre culture dont il s'est assimilé les plus précieux éléments et qui a senti assez finement la société française pour trouver un langage qui l'enchantât et qui l'enivrât. Mais ce commerce n'a pas usé son âme native. Il est toujours resté de Genève. La république municipale de Calvin a laissé son empreinte sur les conceptions avec lesquelles il a remué la France et le monde.

Je ne vois pas, me dit quelqu'un, la marche de votre raisonnement. Est-ce que l'auteur de la *Vie de Jésus* n'est pas Français ?

Il est Breton. Un Breton, au point de vue de la nationalité et de l'histoire, est un Français parfait, un Français de vigueur et de haute marque. Il est un Français par la culture intellectuelle commune, culture latine, gréco-latine ou gallo-latine qu'il est admirablement apte à recevoir à sa façon et à faire fructifier et qui tire de lui, au moyen-âge, un Abailard, au XIXe siècle, un Châteaubriand, un La Mennais, un Renan. Mais, quant au fond de nature et de race sur lequel cette culture tombe pour le pétrir, quant au tempérament, au caractère, à la qualité d'imagination, à l'orientation de sensibilité poétique, il est, au moins, aussi étranger qu'un Génevois à ce que j'appellerais l'Attique de la France. Je désigne ainsi ce terrain sacré, formé par l'Ile-de-France, les pays de Loire, la Champagne, la Normandie, une part de la Bourgogne, qui a, pendant deux siècles, produit, à peu près à lui seul, et modelé toute notre littérature, et qui, depuis la fin du XVIIIe siècle, depuis le retournement et l'ameublissement de tout le sol national par la tempête révolutionnaire, reçoit en plus grande abondance le ruisseau des sèves variées que lui envoie la périphérie magnifique de notre patrie ; au premier rang, la Bretagne, mère des trois fils que j'ai nommés, en qui la littérature de notre XIXe siècle tient substantiellement tout entière. Cet apport d'âme de la race bretonne, quand on le compare au génie classique des lettres françaises, à ce fruit lumineux de nos vignes et de nos coteaux, nourri des riches émanations de la Grèce et de Rome, comme il apparaît lointain et enveloppé de brumes, et comme il respire le fond des âges ! Mais vienne un fort génie breton, accentué dans son type propre, et, en même temps, assimilateur, qui imprègne de son fond natif les trésors d'esprit et d'art amassés aux bords de la Seine, quel produit puissant, quoi qu'il puisse y avoir lieu d'en penser, au point de vue de la stabilité et de l'équilibre ! Quel détonnant mélange ! Il en jaillit *le Génie du Christianisme*. Il en jaillit *l'Essai sur l'Indifférence*, *les Paroles d'un croyant*, *la Vie de Jésus*, les livres dont la France du XIXᵉ siècle a reçu ses plus profondes et ses plus soudaines commotions spirituelles. Commotions de sens opposé, sans doute, mais de la même qualité volcanique.

S'il en faut juger sur de tels exemples, ce genre d'action implique entre le génie littéraire qui l'exerce et le milieu où il l'exerce, un assez singulier rapport. Ce génie est étranger à ce milieu, et il ne l'est point. Il tient de ses origines des traits de constitution morale qui

tranchent sur la société où il est introduit, mais qui ne sont pas d'une excen-
tricité ni d'une roideur à rendre impossible leur intime alliage avec les disciplines
et les mœurs de cette société. Il est
d'une telle qualité d'âme que les hommes
que sa parole soulève ou subjugue le
sentent, s'ils s'interrogent là-dessus, près
et loin d'eux tout ensemble. Et ne faut-il
pas, en effet, qu'il soit près et loin ? Près,
car sans intimité de contact et sans communication de sensibilité, où trouverait-il
l'accent d'un langage capable de toucher
ces hommes, de s'insinuer en leurs fibres,
et comme on dit, de les « prendre » ?
Loin, pour que le langage qu'il leur parle
ne soit pas déjà familier à leurs oreilles,
pour qu'il puise dans le lointain de sa
provenance, ce mystère, cette magie de
nouveauté qui en fait la force captivante
ou frappante.

Cependant, cette condition personnelle
de l'écrivain ne lui fournirait pas la force
voulue pour un tel effet, s'il ne s'y joi-

gnait, du côté de la société elle-même
une autre condition : savoir, un certain
malaise qui pèse sur les esprits et dont
ils auraient besoin d'être délivrés. Ce
malaise se produit dans la vie des peuples
quand la majorité ou la partie la plus
vive de leur élite sent en elle-même
quelque chose de désaccordé, quand elle
commence à former des pensées qui ne
sont plus en suffisant équilibre avec ce
qui existe, quand un excessif écart est
en train de se creuser entre les institutions
et les opinions, entre les réalités et les
désirs, entre les notions reçues et les
constatations ou expériences nouvelles,
entre les règles de la vie et les possibilités
de la vie. L'inquiétude que cette situation
fait naître ménage un rôle à l'inspiré
littéraire que nous décrivons. Initié et
neuf à la fois au milieu social où l'a placé
le destin, il participe finement à toutes
les sensibilités communes des âmes dis-
tinguées qui le composent ; mais leurs
vieilles habitudes pèsent sur son âme d'un

poids moindre ; il est plus accessible qu'elles aux souffles nouveaux qui tendent à les en détacher pour les orienter autrement. Il en est impressionné avant elles. Il est un des premiers à percevoir, dans l'atmosphère du temps, la requête des nouvelles aspirations et des idées novatrices, qui peuvent être aussi bien des idées de retour au passé, aux choses anciennes, des réactions contre les abus et les entraînements d'une confiance exagérée au progrès, que des idées de progrès et de perfectionnements inédits. Il frémit, avant bien d'autres, au contact de cette électricité. Et c'est en lui qu'elle trouve passage. Il formule, il dégage, il libère ce qui hantait les esprits. Il publie ce que tout le monde pensait, ce dont tout le monde était tourmenté sans oser le dire, sans oser peut-être le penser. C'est cela qui fait les succès littéraires explosifs. Celui qui les remporte est comme un homme qui pénétrerait subitement du dehors dans une pièce surchauffée dont les occupants étouffent, sans s'en rendre compte, parce que la chaleur les a progressivement envahis. Il se jette sur la fenêtre et l'ouvre toute grande. On respire, on l'acclame. A moins qu'on ne le conspue. Car il y a des personnes qui préfèrent étouffer. Et il est d'ailleurs vrai qu'une fenêtre brusquement ouverte n'introduit pas seulement la fraîcheur, mais aussi les fluxions de poitrine. Mieux vaudrait ménager les transitions. Il est vrai que l'impulsive humanité n'entend guère les transitions.

Rousseau a rafraîchi et fait quelque peu délirer une époque qui n'était pas précisément « desséchée », comme on a coutume de l'écrire, mais plutôt lasse des plaisirs et des agréments qui tiennent à la perfection de la civilisation sociale, et naïvement curieuse d'en goûter de plus simples et de plus rustiques, sans dommage d'ailleurs pour ses dentelles et ses bas de soie. Il a ouvert sur cette époque la fenêtre de la poésie de la nature et celle des rêveries sur les douceurs et les bontés de l'état sauvage. Châteaubriand a ouvert, sur un siècle saturé d'idéologie et de raisonnement, d'algèbre et de démonstrations de la « perfectibilité », la fenêtre des émotions religieuses et de la poésie de l'histoire. La Mennais a ouvert, sur une théologie vieillie, où il n'y avait plus rien de vivant, et à laquelle de vivantes intelligences ne pouvaient absolument plus mordre, la fenêtre d'une apologétique chrétienne empruntée au sentiment et au besoin général de l'humanité et ne prenant presque point d'appui sur le fait historique de la révélation. Il fallait être aussi étranger à l'intime sens moral du christianisme que le poète du *Génie du Christianisme*, rendu à la liberté de son âme et aux vieilles échappées de sa race par le souffle révolutionnaire qui assaillit sa jeunesse, il fallait être aussi étranger aux fondements et à l'esprit de la tradition doctrinale chrétienne que le prêtre improvisé et fougueux qui a écrit l'*Essai sur l'indifférence*, il fallait être aussi peu « romain » et aussi peu traditionnellement français que ces deux magnifiques « cimmériens », pour oser, soit de la religion du Christ, soit de la religion nationale séculaire des Français, une recommandation et une justification qui eussent jeté Bossuet hors des gonds et qu'il eut taxées d'insolente fantaisie, si elles avaient été possibles du temps de Bossuet. L'effet pourtant en fut splendide et puissant, parce qu'elles étaient puisées, la première surtout, aux flots montants du sentiment public et échauffées d'une inspiration séductrice dont on n'avait pas encore connu chez nous la couleur. Sénancour a écrit, du point de vue de la raison voltairienne, une réfutation écrasante du *Génie du Christianisme*, et le Père de Rozaven, breton, mais jésuite, a fait la même chose, du point de vue de l'orthodoxie, contre l'*Essai sur l'indifférence*. Nous plaignons l'effort inutile de ces honnêtes gens fort judicieux, à qui le talent ne manquait pas.

Et Renan ? Quelles fenêtres a-t-il ouvertes ? Et sur quels malaises ? Nous ne saurions l'énoncer aussi brièvement. Le terrain d'action qui l'a attiré est autrement vaste que celui qui s'est offert à ses deux grands compatriotes et prédécesseurs. Il n'est pas facile de le limiter. A quels problèmes ne touche-t-il pas ! Et l'action appropriée à ce terrain est autrement délicate, variée, nuancée. Ce n'est point à des aspirations de l'imagination ou du sentiment que l'œuvre de Renan est venue répondre ; c'est à des réclamations de l'intelligence et de la faculté critique. Ce sont là deux genres bien différents de besoins. La première moitié, la moitié romantique, ou la plus romantique du xixe siècle, s'est plus intéressée au premier, qui a pour objet les charmes et les prestiges des choses (l'apologétique menaisienne, mère de celle de Lacordaire, rendait du prestige social à la foi catholique,

bien plus que de la force et de l'assiette
intérieure) ; la seconde, revenue du romantisme et plus pensante certainement, s'est
plus intéressée au second, qui porte sur
le fond même des choses. Mais le second
ne touche pas le cœur des hommes moins
que le premier ; il ne le cède pas en pathétique au premier, il est même bien plus
émouvant, quand, du moins, il a trait à des
questions dont la portée n'est pas toute
spéculative, et qui ont une répercussion
directe et vibrante sur les directions générales de la volonté, du sentiment, de la vie.
Telles les questions qui se sont emparées
de l'esprit de Renan, dès ses jeunes années
et ses premières expériences de clerc et
d'étudiant en philosophie, et dont il s'est
emparé à son tour. Il s'en est emparé,
parce qu'en les formulant publiquement
il a fait scandale. Et il a fait scandale, parce
que, bien loin qu'il les proposât sans sujet
sérieux et par goût personnel de perturba-
tion, il les respirait en quelque sorte autour
de lui, il étouffait sous le sentiment des

irrésistibles raisons qui devaient inévitablement les jeter bientôt dans le domaine public, en imposer le souci à toutes les intelligences non claquemurées, puis, par ouï-dire, aux autres. Question du christianisme, question de la France, question de la civilisation moderne, telles qu'elles se posaient, non pas au XVIIIe ou au XVIIe siècle, ou dans la région abstraite des théories d'école, mais au beau milieu du XIXe siècle et dans la réalité vivante, après soixante années de bouleversements politiques et sociaux en France et en Europe, après un renouvellement si étendu des données de l'histoire, de la psychologie et de la critique. Ne suffit-il pas de nommer ces thèmes centraux auxquels l'œuvre de Renan se ramène et d'où elle est partie, pour montrer combien, avec ces singularités énigmatiques de nature et d'esprit qui donnent tant de fil à retordre à l'observateur moral, il a été profondément l'homme de son époque, combien elle eut lieu de se reconnaître en lui ?

CHAPITRE IV

Voyez comme, dès ses tendres débuts, les luttes de sa pensée ont de signification ! Lui-même serait porté à les attribuer aux complexités de sa nature personnelle. En réalité, elles enveloppent des problèmes qui ne dépendent pas de sa manière de voir et que la force irrésistible des faits ou des choses pose, ou va poser, bon gré mal gré, aux hommes de son temps. Celui qui les soulève peut bien passer pour un perturbateur. Ceux qui se refusent à les voir venir, parce que leurs opinions en sont inquiétées, sont parfois de bien plus grands perturbateurs encore. Car leur inertie ménage à leurs opinions un excès de défaite qui aurait pu être évité et qui balaiera indistinctement ce que ces opinions gardaient de juste et de nécessaire et ce qu'elles avaient d'intenable.

Il nous conte, parmi ses souvenirs du petit séminaire, qu'il fut, en rhétorique, un médiocre élève pour les compositions de français. A la tête de sa classe dans les autres parties, il se laissa, en celle-ci, tomber au plus bas. Il était en dissentiment avec son maître, qu'il désolait par la lourdeur et la sécheresse de ses devoirs et que parfois il scandalisait par d'audacieux essais dans le style romantique. Tout ce qu'il faisait était manqué, parce que les matières de convention qu'il fallait traiter le rebutaient et tuaient sa verve. Il explique ainsi son dégoût : « Ecrire sans avoir à dire quelque chose de pensé personnellement me paraissait dès lors l'exercice d'esprit le plus fastidieux. » Cette explication est un raccourci dont nous devons déployer tout le sens, qui va fort loin.

Les compositions de rhétorique en usage à Saint-Nicolas, étaient les mêmes qui se pratiquaient sous l'ancien régime, dans les collèges de Jésuites et dans l'Université. Elles consistaient en lieux communs à développer dans le cadre d'un discours fictif prêté à quelque personnage historique ; lieux communs de morale, d'histoire, de politique, de patriotisme, de civisme, de religion, de goût, de politesse ou de mœurs. On ne voit pas qu'au XVIIe siècle et dans la première moitié du XVIIIe, ces exercices aient suscité aucune opposition ni qu'aucun homme supérieur se soit plaint d'y avoir été soumis. Ce fut chez les Encyclopédistes, que la valeur du système d'éducation littéraire auquel ils appartenaient commença d'être discutée. Et les vues que les Encyclopédistes n'avaient qu'ébauchées à cet égard, trouvèrent leur plein épanouissement dans les commissions révolutionnaires chargées d'élaborer des plans nouveaux d'instruction publique. Ces plans, donnant tout

aux sciences exactes et à ce qu'on appelait
alors « idéologie » (analyse philosophique
de la formation de nos idées, selon Locke
et Condillac) ne laissaient à la rhétorique
qu'une maigre place. Mais ils ne se réa-
lisèrent guère que sur le papier. Quand
Napoléon eut reconstitué l'Université, elle
n'en tint pas beaucoup de compte. Elle
revint à l'ancienne éducation littéraire.
Le discours latin, le discours français à
l'ancienne mode refleurirent. Ces compositions redevinrent, à de bien légères
nuances près, ce qu'elles étaient au temps
de Rollin et de Lebeau. Les sujets religieux d'un caractère confessionnel trop
prononcé disparurent, il est vrai, des éta-
blissements de l'Etat. Ils se conservaient
naturellement dans les maisons religieuses.
Ces vénérables maîtres de l'ancienne Université de Paris, entrant dans la classe du
jeune Renan, n'eussent presque rien
trouvé de changé.

Ce maintien de la tradition n'était-il
pas tout à fait raisonnable ? La tradition

ne répond-elle pas ici à la nature et à la
nécessité même des choses ? Sur quoi donc
exercerait-on la plume des écoliers, sinon
sur des lieux communs ? Ft quels travaux
« personnels » notre rhétoricien réfractaire
eût-il voulu qu'on lui demandât à seize
ans ? Le lieu commun est l'aliment obligé
de l'éducation intellectuelle et de l'éducation morale. Pour faire travailler de jeunes
esprits encore dépourvus d'observation
et d'invention propres, ne faut-il pas leur
fournir des thèmes tout préparés, em-
pruntés sans doute aux données réelles
de la vie humaine et de l'histoire, mais
les simplifiant à dessein (ce qui ne veut
pas dire les falsifiant) afin de ne pas
excéder les facultés de réflexion et d'analyse de cet âge tendre ? Une certaine
élévation, une certaine noblesse morale
sont assurément à exiger de ces thèmes.
Il faut qu'ils aient l'approbation générale des honnêtes gens et viennent à
l'appui des maximes de bon sens, de
vertu, d'honneur, de civilité, de respect,

de devoir public, qui soutiennent l'ordre d'une société. Ainsi les adolescents qui les embrassent avec candeur et qui les développent dans les formes d'une éloquence scolaire, imitée des bons modèles, y profitent-ils de toute façon. Ainsi la rhétorique forme-t-elle à la fois, et par le même instrument, selon le vœu de Rollin, « l'esprit et le cœur ».

Rien de plus sage que cette doctrine. Les plus belles civilisations de l'humanité l'ont mise en pratique. Mais, pas plus qu'aucune autre doctrine humaine, elle ne règne dans l'absolu. Il lui faut une base historique d'application. Cette base ressort de ce qui précède : c'est l'unanime accord de l'élite sociale au sujet des institutions légitimes et nécessaires de la société, et, comme fruit (on pourrait dire aussi : comme cause) de cet accord, la prospérité, la vigueur, l'éclat de ces institutions mêmes. La force et la richesse des moyens d'éducation sont proportionnées à la solidité de cette entente et à la

puissance de ce fait. L'une vient-elle à
se rompre ou à s'affaiblir, l'autre à vaciller,
voilà l'éducation publique troublée dans
sa direction, diminuée dans l'efficacité
de ses moyens. Comment conquérir la
vive et heureuse confiance des adolescents
en des maximes qu'ils voient devenues
l'objet de grandes disputes entre les hommes ? Comment les façonner, jusqu'à
l'âme, à un ensemble d'institutions religieuses, sociales, politiques ou esthétiques
qui porte des signes de ruine ou de prochaine transformation, ou qui est même
déjà tombé en partie ? Cependant, faute
d'un modèle nouveau qui ne saurait d'ailleurs se former et prévaloir au sein d'une
société trop divisée et trop changeante,
il faudra bien que l'éducation continue
de se régler sur le modèle d'autrefois ;
et il y aura, dès lors, lieu de craindre que
le sens de ce que celui-ci avait d'illustre
et de beau en lui-même ne se heurte, chez
les jeunes gens de l'esprit le plus curieux
et le plus actif, à l'instinctif sentiment de

ce qu'il a pris d'anachronique. N'est-ce point là l'effet que devaient faire, sous la Monarchie de Juillet, certaines applications (je ne dirai pas les plus substantielles, mais, du moins, et c'est un peu le contraire, les plus décoratives) d'un idéal pédagogique qui avait été florissant sous le règne de Louis XIV ? Et, surtout, de ces applications la plus caractéristique : la rhétorique traditionnelle, avec les vieilles matières oratoires qu'elle continuait de proposer, au milieu d'un monde nouveau qui en avait détruit ou dégradé les objets réels.

Je comprends qu'elle ait gêné un jeune esprit, déjà trop sensible pour se laisser fermer par la claustration relative du séminaire, à toute impression du dehors.

Les lieux communs qu'elle lui donnait à traiter consacraient, glorifiaient des institutions et des sentiments qui venaient justement de prouver leur caducité et qui remplissaient le siècle de leurs mélancoliques débris. Bien pis, ces grandeurs déchues, après la courte tragédie de leur renversement violent, s'étaient accommodées d'un sort réglementé et médiocre. Quoi de plus réfrigérant pour l'inspiration ? S'agissait-il d'un développement sur la majesté du trône ? Non seulement le trône était tombé (l'imagination aurait pu trouver autant de grandeur à sa chute qu'à sa gloire) ; mais il était devenu constitutionnel, malheur bien pire au point de vue littéraire que les dramatiques effondrements, et qui frappait de mort l'éloquence monarchique. La majesté de l'autel n'était pas un sujet beaucoup plus échauffant, depuis qu'elle avait cessé de couronner l'Etat pour se contenter d'une place étroitement mesurée en son sein et se mettre à la terne enseigne du droit commun. Deux siècles plus tôt, il avait pu y avoir un Bossuet pour louer d'un ton splendide, et comme s'il en était illuminé directement, la puissance, la magnificence formidables de « Celui qui règne dans les cieux ». Ce ton pouvait-il être reproduit sincèrement et sans application toute factice, en un temps où la moitié des hommes pensants en était venue à croire les cieux vides et à n'y chercher plus aucune lumière ? Et comment déployer les grandes et riches draperies de l'oraison funèbre, quand ses hautes colonnes de marbre noir s'étaient écroulées ? Un autre sujet favori (je l'ai vu plusieurs fois traité au « Cahier d'honneur » de Saint-Nicolas), c'était la beauté des lettres et des arts civilisateurs, la divine bienfaisance des poètes qui éternisent de leurs chants la gloire des héros et qui sont, comme Orphée et Virgile, les guides et les pasteurs harmonieux de leurs peuples. Très beau thème, mais qui pouvait apparaître fade et dérisoire au regard d'une époque où la poésie, même la plus belle, était dépourvue de toute action sur des multitudes amorphes et sombres qui l'ignoraient et n'en avaient cure, où la littérature s'industrialisait et devenait

un commerce, donc une simonie, où
allait bientôt naître le journal à un sou.
— Ajoutez à ces leçons décevantes des
réalités l'ambiance d'une science historique plus curieuse que par le passé, d'une
psychologie plus investigatrice et plus
irrévérencieuse, qui défaisait la figure trop
typifiée des grands hommes que l'on fait
parler dans les discours de collège et qui
parfois portait plausiblement une part
de leur grandeur apparente au compte de
l'ignorance et de l'aveuglement de la
foule qui les avait exaltés.

Certes, cette psychologie était sujette
à toutes les erreurs de la malignité et
de l'esprit d'irrespect. La décadence
des anciennes institutions, des anciens
principes, ne prouvait rien contre leur
valeur absolue. On pouvait soutenir, en
parfaite logique, qu'ils n'avaient défailli
que pour la calamité et l'abaissement des
nations, que la vérité de l'ordre public
et de la civilisation était en eux. Mais,
si c'était là peut-être l'expression de la

vérité, ce n'était pas l'expression de la vie. La vie n'y était plus. C'était une thèse, un sujet de controverse. La controverse, c'est de la philosophie, non de la rhétorique. Ernest Renan est en rhétorique. Et la belle rhétorique qu'on lui demande, il a peine à la fournir, parce qu'il a précocement entrevu les dessous de beaucoup de choses retournées par trop de révolutions et trop de critique.

Ce petit Breton, dans sa rhétorique parisienne de 1840, je le vois comme un jeune Gépide, aux écoles romaines du Vᵉ siècle. On lui donne à traiter la vertu de Caton, modèle austère et impérissable de tout citoyen romain. Ses camarades, fils de sénateurs ou de personnages consulaires qui ne croient plus au destin de leur patrie, n'en éprouvent point de malaise. Ils sont habitués, dès leur tendre enfance, à ce ronron de comices et de cérémonies. Notre jeune barbare, avec un sens intact de la situation, pense à part lui : « Mais vous n'êtes plus du tout

comme cela, Romains. C'est de la vieil-
lerie. » Le bon abbé Duchesne, professeur
à Saint-Nicolas, qui se délecte aux discours réussis et bien sonnants de ses
nourrissons, s'étonne que le plus intelligent n'y morde point. C'est que l'abbé
Duchesne est plus jeune que son élève.
Vainement, je pense, celui-ci voudrait-il
faire confidence de ce qui le dessèche et
le paralyse à ses amis, Joseph Cognat, le
futur curé de Notre-Dame-des-Champs,
Alfred Foulon, le futur cardinal-arche-
vêque de Lyon. Leur noble innocence
ne l'entendrait point. Mais l'âme d'Ernest
Renan n'est point née innocente.

On peut le déplorer. On ne doit pas
exclusivement le déplorer. Dans le Pro-
logue du *Faust* de Gœthe, le Seigneur
proclame que Méphistophélès a son rôle
nécessaire dans la bonne marche de la
création. Ernest Renan sentait-il juste ?
Est-il vrai ou faux que les crises, sans
cesse renouvelées, dont l'éducation souffre
en France depuis un siècle, et l'éducation

littéraire spécialement, soient dues, en dernière analyse, à une certaine décomposition des anciens fondements de notre civilisation intellectuelle et morale ? Est-il vrai ou faux que les « humanités » languissent ou soient troublées, faute d'une entente assez étendue et assez vigoureuse des esprits sur les institutions qui conviennent à l'humanité ? Est-il vrai ou faux, pour prendre la question dans son application la plus humble, mais la plus concrète, que, depuis longtemps, les professeurs ne trouvent plus possible de donner à leurs élèves ces sujets de compositions d'apparat qui florissaient vers l'année 1840 au petit séminaire de Saint-Nicolas et au Concours général de l'Université, qui possédaient (tout vrai pédagogue en est convaincu) des vertus pédagogiques irremplaçables, et que, cent cinquante ans auparavant, le jeune Arouet, non moins malin qu'Ernest Renan, avait traités avec délices dans la classe du Père Porée ?

CHAPITRE V

DIALOGUE ENTRE BOSSUET ET CHATEAU-BRIAND

Non moins que l'éducation littéraire de Saint-Nicolas, Renan en a critiqué l'enseignement religieux. Il y a, du moins, consacré d'assez âpres remarques, qui vont dans le même sens que les précédentes et lui sont venues à l'esprit de bonne heure.

Cet enseignement portait l'esprit, la couleur d'un certain « néo-catholicisme » issu du *Génie du Christianisme* et de l'*Essai sur l'Indifférence* et, qui trouvait dans Lacordaire un organe illustre, plein de génie, mais inquiétant au point de vue d'une sévère logique. C'était comme une apologétique nouvelle, à qui on ne pouvait précisément reprocher l'hérésie, mais seulement la témérité. Elle n'altérait pas le fond de la doctrine chrétienne. On dirait plutôt qu'elle le masquait brillamment. Elle ne se substituait pas au dogme et à la théologie. Elle s'y superposait comme une façade moderne, relevée de beaux ornements, mais construite en hâte et avec des matériaux douteux, s'ajoute à un vieil et vénérable édifice, jugé trop sombre et trop nu. Le christianisme y était recommandé par des raisons telles que les suivantes : beauté des inspirations qu'il a répandues dans les lettres et les arts, charme et splendeur de son culte et de ses cérémonies, sublimité et humilité des sentiments qu'il conseille, pureté d'une vie et d'un cœur qu'il pénètre, ordre et mœurs que son influence fait prévaloir dans une société, corruption et cruautés de celles qui ne l'ont pas connu ou qui l'ont abandonné, rôle tutélaire et magnifique de l'Eglise dans l'histoire, notamment dans la suppression de l'esclavage et la préservation du trésor des lettres antiques sauvé des barbares par les moines, témoignages rendus en faveur du Christ et de son institution par ce que la terre a compté de plus fameux : grands savants, grands hommes d'Etat, grands capitaines, souvent par des incrédules, des infidèles et même des ennemis avérés. Mais, entre tous les arguments de cet ordre, le plus en faveur de beaucoup, celui auquel ces catholiques libéraux de 1830 se confiaient le plus, parce qu'il concernait l'avenir et tirait sa force de leur générosité d'âme et de leur ardeur d'imagination, c'était l'accord du christianisme avec ce qu'ils appelaient la « Liberté », mot sonore et enchanteur qui signifiait pour eux un fait et un rêve : le fait du régime libre de l'Eglise indépendante de l'Etat, le rêve de l'essor nouveau qu'ils lui croyaient promis par cette indépendance et qui réaliserait la fusion des idées chrétiennes avec les meilleures inspirations de la Révolution française. Voilà qui prêtait plus à l'éloquence et au déploiement de talent qu'une théologie rigoureuse. On se fiait plus, pour relever et faire resplendir aux yeux du siècle la religion et la foi, au déroulement fastueux de toutes leurs belles conséquences esthétiques et sociales, littéraires et politiques, qu'à la manifestation et à l'explication de ce qui en constitue l'objet même.

Comment les Pères, les Scolastiques, Bossuet, tous les docteurs du passé, en qui s'incarne, sous ses traits les plus authentiques, la tradition doctrinale de l'Eglise, auraient-ils apprécié, s'ils en avaient été les témoins, cette présentation de la vérité chrétienne ? Sans faveur, je le crois. Ils auraient approuvé qu'on montrât dans le Christianisme le fauteur des plus belles institutions, des plus nobles et des plus délicats sentiments humains. Ils auraient froncé le sourcil en entendant des orateurs modifier et énerver le langage

de la doctrine, afin d'en nouer spécieuse-
ment la cause à celle d'une révolution
tout humaine, interprétée et plus ou moins
transfigurée sans doute au gré de leurs
illusions. Ils n'auraient pas admis, en tout
cas, que, dans l'enseignement, dans la
chaire, ces considérations et ces espé-
rances séduisantes osassent rivaliser d'importance avec l'infatigable rappel de l'*u-
num necessarium*, des vérités éternelles
exprimées dans le dogme. Ils auraient
trouvé détestable qu'elles prissent le pas
sur celles-ci et les éclipsassent de leur
éclat demi-profane. Ils auraient dit que,
pour établir la vérité absolue de ce que
l'Eglise enseigne dogmatiquement, la
preuve morale que l'on prétendrait tirer
des merveilles terrestres dont il peut lui
être fait honneur ne saurait suffire, qu'elle
ne saurait être substituée, sans beaucoup
de légèreté, à la preuve vraie, à la preuve
intellectuelle, qui est la preuve par la
métaphysique et par l'histoire : par la
Toute-Puissance et la Providence divines,

que la métaphysique démontre, par la Révélation, les miracles et les prophéties que l'histoire constate. Celle-ci seule est décisive et digne de la raison.

J'imagine l'instance de M. de Châteaubriand, défendant son livre devant Bossuet, revenu au monde (comme il présageait que cela devait arriver un jour au prophète Elie) pour le juger.

— Monseigneur, je n'ai pas tant eu en vûe de plaider pour les vérités de la religion chrétienne, sous lesquelles je m'incline, que pour ses beautés. Ce soin était nécessaire, après les funestes ouvrages de M. de Voltaire et de M. le marquis de Condorcet, qui, l'un, dans son *Essai sur les mœurs et l'esprit des nations*, l'autre, dans son *Esquisse d'un tableau historique des progrès de l'esprit humain*, ont nié l'action civilisatrice du christianisme, l'ont présenté comme un ennemi des arts, comme un allié naturel de la barbarie et de l'ignorance. J'ai voulu lui rendre, aux yeux des peuples, le lustre qu'ils lui ravissaient.

— Louable intention, Monsieur le Vicomte, et qui vous a fait écrire de fort belles et fort agréables choses dans un style qui m'a charmé, quoique bien nouveau. Souffrez cependant que je repousse la distinction que vous faites et qui ne va pas à moins qu'à ruiner les bases de la théologie. Il n'y a pas, d'une part, les vérités du christianisme, et de l'autre, ses beautés. Ses vérités sont ses beautés. Et ce sont beautés qui surpassent et écrasent toutes celles dont vous rapportez, non sans raison d'ailleurs, la gloire à nos saintes croyances, autant que ce qui est de Dieu surpasse et écrase ce qui est de l'homme, même quand l'esprit de Dieu y a une certaine part. Ce sont ces beautés-là, ces beautés de lumière et de foudre qu'il fallait élever sur la tête des impies pour la dominer et l'abaisser à coup sûr. Des chefs-d'œuvre de poésie qui retracent avec un véritable sentiment de foi nos

vérités et nos miracles (de mon temps,
on n'en connaissait guère, sans que la
religion s'en portât plus mal, du reste,
et vous êtes extrêmement latitudinaire à
cet égard, puisque vous faites de Virgile
presque un chrétien et auriez une ten-
dance téméraire à trouver du christianisme
partout où il y a du mérite); je dirai plus :
d'insignes exemples d'humaine vertu, où
le chrétien reconnaît manifestement la
présence de la grâce divine, ce ne sont
pas là, tant s'en faut, des réponses assez
triomphantes à opposer aux dénigrements
de l'incrédule. Ce sont trop encore des
choses de chair, trop participantes à la
faiblesse et à la dégradation des enfants
d'Adam, pour que sa sophistique ne
trouve les moyens d'en travestir et d'en
rapetisser perfidement la qualité ou bien
d'en rapporter l'honneur à la seule nature.
Et, au fait, si admirables que puissent
être ces œuvres de l'homme, touché d'un
souffle d'en haut, que sont-elles, je vous
le demande, et quelle n'en est pas la

misère, si on les compare à la merveille des merveilles, à la merveille des choses célestes et de leur divine économie, que la foi contemple avec ravissement et que d'innombrables générations de Pères et de Docteurs, parmi lesquels les plus beaux génies, se sont épuisés à sonder, à scruter, à analyser, sans en embrasser l'orbe et sans en rencontrer le fond ?... Hé quoi ! Monsieur, vous voulez m'interrompre. Vous me regardez comme on regarde un homme qui s'égare. Ah ! je ne comprends que trop l'expression de découragement courtois qui se lit sur votre visage. Vous vivez en un siècle où les yeux des chrétiens se sont obscurcis, se sont laissé éblouir par la trompeuse scintillation des connaissances humaines. prodigieusement, mais vainement, multipliées, au point de ne plus percevoir cette splendeur des splendeurs. Le sublime enchaînement des vérités rationnelles premières et des communications divines, Dieu, l'abîme de sa Bonté, de sa Puissance et de sa Justice, sa Trinité ineffable, la Création des six jours, les Anges, la Chute de l'Homme, l'alliance avec le Peuple élu, la préparation du Messie, la régénération de l'Humanité dans la personne du nouvel Adam, Dieu et Homme tout ensemble, la Rédemption, la Grâce, le Jugement, le Paradis et l'Enfer, toute cette épopée de l'éternité (hélas ! voici que je m'accommode moi-même à votre profane langage), oui, ce poème incomparable, qui remplissait tout l'horizon intellectuel des âges de vraie foi et dont les mystiques figures leur paraissaient justement cerner, de toutes parts, l'univers, n'est plus, pour vos générations de foi défaillante, qu'une vision lointaine et pâlie, un récit vieilli et desséché, que l'on n'ose plus produire tout nu, et dont les beautés sans corps, ou, ce qui revient au même, les vérités infinies, ne sont reçues et digérées par les âmes pieuses que sous une enveloppe d'agréments sensibles et de petites raisons. Des bougies qu'on allume pour rendie visible le soleil ! Quelques-uns de vos ornements sont beaux, Monsieur de Châteaubriand, et dignes du sujet. Je crains toutefois que vous n'ayez ouvert, dans le domaine religieux, une mauvaise école, une école de solennité légère, autrement dit de frivolité pathétique. Je pressens le jour où des orateurs sacrés prouveront la divinité du christianisme par les larmes que le rival des Cyrus, des Alexandre et des César, Napoléon Bonaparte, nouveau marteau de la Providence et votre légitime souverain, raconte avoir répandues le jour de sa première communion..... »

Le néo-catholicisme libéral et romantique ne refusait rien du dogme. Les jeunes générations qu'il entraînait et que nous jugeons sur quelques-uns de leurs types d'élite, devenus des hommes publics, acceptaient intégralement la foi dogmatique, sous la forme des vertus morales, des sentiments de piété, des habitudes de

pratique religieuse qu'elle commande.
Quant à son contenu même, leur pensée
n'y était pas très attentive. Ils n'en avaient
pas une connaissance approfondie. Leur
intelligence ne s'en nourrissait pas et n'y
cherchait pas la fontaine des clartés. Ils
n'auraient pas été fort habiles à en raisonner. « Les études théologiques de ces
hommes distingués avaient été très faibles»,
écrit Renan, à propos de deux ecclésias-
tiques très « représentatifs » de cette
époque : Mgr de Quelen et l'abbé Dupanloup. Le dogme était mentionné, formulé
exactement, mais expliqué et commenté
sans fermeté ni exactitude, quand on s'y
risquait. Il était pour ces pieux esprits une
espèce d'algèbre, qu'ils vénéraient sans
s'y intéresser beaucoup. Il était devenu
la partie sèche et fastidieuse de l'enseignement religieux. Il y a toujours eu une
grande différence de genre et de but entre
un traité de théologie et un sermon. Cette
différence a pourtant ses limites. La dis-
parité profonde qui s'était alors établie

entre la substance biblique, métaphysique,
dialectique de la théologie, et la substance
littéraire, ornementale, pittoresque, de
l'éloquence religieuse, eût fait l'étonne-
ment des plus sérieux chrétiens du
XVIIe siècle.

Renan a discerné très jeune cette situation. Le commentaire qu'il en a donné
plus tard est d'une grande force critique.
On pourra le trouver bon apôtre de défendre les droits d'une sévère orthodoxie
contre un certain clinquant religieux, quand
on sait ce qu'il pense de l'orthodoxie.
Mais il défend, en ces droits, une cause
plus générale que la leur : celle du sérieux
et de la probité dans la pensée, de la rec-
titude et de la grandeur dans le goût. Le
vieil édifice du dogme catholique, pense-
t-il, est caduc, mais il est grandiose ;
ses fondements tombent en poussière,
mais ce que le savoir, la logique et la subti-
lité de quinze siècles de théologie ont élevé
là-dessus est imposant d'ordonnance et
d'ampleur. Que la raison qui trouve habi-

table cette demeure magnifique et ver-
moulue l'habite ! — Veut-on, au contraire, en reconstruire les parties rui-
neuses, les mettre en harmonie avec les
exigences inéluctables de la pensée
moderne ? Si l'entreprise est possible,
elle devra être menée sérieusement et
demandera une investigation consciencieuse et profonde des matériaux philosophiques et psychologiques dont le
dogmatisme traditionnel est composé. —
Ce que traditionnalistes et réformateurs
sérieux doivent être unanimes à blâmer,
ce sont les tentatives de rajeunissement
doctrinal que Renan caractérise en disant
que « tout y est adouci, faussé, émoussé »
et que l'on y présente « non point le christianisme tel qu'il résulte du concile de
Trente et du concile du Vatican, mais
un christianisme désossé en quelque sorte,
sans charpente, privé de ce qui est son
essence. Les conversions, ajoute-t-il, opé-
rées par les prédications de cette sorte,
ne sont bonnes ni pour la religion, ni pour

l'esprit humain. On croit avoir fait des chrétiens ; on a fait des esprits faux, des politiques manqués. Malheur au vague ! mieux vaut le faux ! »

CHAPITRE VI

PHILOSOPHIE DE SÉMINAIRE

Les *Souvenirs d'enfance et de jeunesse* insistent beaucoup sur le changement d'atmosphère dont le jeune clerc fut frappé, quand il passa du petit séminaire de Saint-Nicolas au grand séminaire de Saint-Sulpice. Le sérieux intellectuel que les directions, moralement si élevées, de M. Dupanloup, laissaient à désirer, selon lui, il le retrouvait à souhait dans cette austère et illustre maison. Ici, plus de rhétorique ! plus d'éloquence ! un parfait dédain, ou mieux, une candide ignorance du talent ; l'exposition simple et nue de ce qu'on croyait être la vérité ; le culte de la forme logique ; l'analyse froide et mé-

thodique des idées ; le pur raisonnement,
sans appel au sentiment ni à l'imagination ; tout cela, il est vrai, à partir des
données indiscutées de la foi catholique,
«telle qu'elle résulte du Concile de Trente»
et subordonnément à elles. Un tel régime
était celui que désirait l'abbé Renan, las
des compositions d'académie et des vers
latins. Il le trouva très à son goût, au prix
toutefois d'une assez forte retouche concernant l'étendue des investigations per-
mises au raisonnement et à l'analyse. Si
analyser et raisonner sont choses bonnes
par nature, ils sont choses bonnes sans
limite ; quelles légitimes barrières opposer
à leur exercice ? D'ailleurs, quand on a
commencé de raisonner réellement, s'ar-
rête-t-on comme on veut ? A peine entré
à Issy, il se jette avec une extraordinaire
fièvre d'esprit sur le fond des problèmes
dont il y apportait l'inquiétude.

Les deux premières années d'études du
grand séminaire sont consacrées à la philosophie. Les traités de philosophie en

usage à Issy sont la *Philosophie*, dite *de Lyon*, de l'oratorien Vallat, publiée à la fin du XVIIIe siècle, mais corrigée depuis, à cause des restes de jansénisme qui l'infectaient, et la *Philosophie*, dite *de Bayeux*, par M. Noget-Lacoudre, chanoine en cette ville, de composition toute récente. Ces livres se complètent de l'enseignement personnel du professeur, M. Manier, dont nous connaissons la substance par le *Compendium philosophiæ* qu'il donna peu après la sortie de Renan, qui supplanta Vallat et Noget-Lacoudre, et fut employé, à son tour, jusque vers 1870. La doctrine qui a cours au grand séminaire, au moment où nous y pénétrons avec Renan, est un amalgame de ces trois auteurs, sensiblement inspirés aux mêmes sources. C'est, quant au fond, la doctrine qui règne à cette époque, dans tous les grands séminaires français. Nous y trouvons la fidèle image de ce qu'était devenue la philosophie catholique au milieu du XIXe siècle.

En même temps que la classe commune, notre séminariste en suit une autre, où il est seul, et qui a pour siège habituel les charmilles et les retraites du parc d'Issy. Là, ses maîtres sont Descartes, Pascal, Malebranche, Locke, Leibniz, Euler, Clarke, Reid, Dugald-Stewart, certains ouvrages de Victor Cousin. Il les dévore avidement. Il voudrait bien dévorer, je pense, tous les philosophes modernes et jusqu'à ceux-là, tels Hume, Kant, Comte ou Hegel, que la prudence du gouvernement de la maison n'y a pas laissé entrer ou ne laisse pas du moins circuler en personne parmi les jeunes clercs. Mais il n'en est pas tout à fait sevré. Les appendices des manuels scolaires dont il dispose en contiennent l'exposition et la réfutation. Il est vrai que la pensée de ces philosophes, enroulée dans le linceul durci d'un latin barbare, affaiblie par les timidités d'une analyse lourde, sommaire, de seconde main, perd beaucoup de sa chaleur communicative et de sa puissante attraction.

Mais nous pouvons nous fier à l'imagination intellectuelle d'Ernest Renan de réchauffer la torpeur de ce latin d'école et de suppléer aux faiblesses de cette présentation.

Le voici donc, pleinement livré à lui-même, entre le pour et le contre. Le voici qui, chaque jour, prête l'oreille aux deux chœurs alternés des scolastiques et des modernes. Peut-on dire qu'ils luttent dans son esprit pour s'en emparer ? Non ; car il n'y a de combats qu'entre les vivants. Le chant des modernes, quelles qu'en soient les discordances et les confusions, est vivant. Celui des scolastiques est une rhapsodie morte, faite de paroles qui ont perdu leur sens et que les choristes annonent sans les entendre et les sentir. L'esprit vivant et actif d'Ernest Renan n'hésite pas. Il se jette du côté de la vie par un mouvement irrésistible. Il ferme, pour ne plus les ouvrir, la *Philosophie de Lyon* et la *Philosophie de Bayeux*.

N'en juge-t-il pas d'une façon bien

tranchante, avec beaucoup d'outrance et de parti-pris juvénile ? C'est ce qu'il y aurait lieu de se demander, si la scolastique sulpicienne était l'héritière et la continuatrice de la grande et illustre scolastique du XIIIe siècle. Il pourrait, en ce cas, la juger attardée, mais non lui opposer, en bloc, cette méprisante fin de non-recevoir. Il y a longtemps que la scolastique du XIIIe siècle, immobilisée par le dogme, n'est plus en harmonie avec les nouvelles acquisitions de l'esprit humain, qui ne trouvent pas à se caser dans ses compartiments. C'est cependant une belle construction, fruit d'un art savant, aux lignes amples et pures, aux flèches élancées, un beau poème métaphysique apparenté à la *Divine Comédie* de Dante. L'artiste, qu'il y a chez Renan, un peu étouffé, il est vrai, à l'heure de sa vie où nous sommes, par le dialecticien, lui devrait son hommage. Il y a mieux. S'il la connaissait et qu'il fût un vrai philosophe, il se devrait de rechercher si cette construction est devenue, au point de vue philosophique, tout à fait vaine, si elle ne porte pas quelque leçon dont nous puissions profiter encore, si, à défaut de son aménagement intérieur et de ses divisions, peu utilisables pour nous, elle ne décèle pas dans son ensemble et dans son jet, une part d'inspirations immortelles dont la philosophie moderne, fondée sur une connaissance infiniment plus étendue, exacte et précise de la nature, mais appesantie, je le crains, et maintenue à terre par la masse même de ce qu'elle sait, pourrait peut-être, au prix d'un travail de réflexion et de critique fort délicat, se pénétrer à son tour. Ç'avait été l'idée de Leibniz. Il est permis de l'évoquer, au moins comme un rêve. La question ne se pose pas à propos de la *Philosophie de Bayeux*. La noble figure de la scolastique thomiste est entièrement absente de cette philosophie de séminaire. On ne l'y trouve qu'à l'état de fragments mutilés et d'informes débris. Ces débris se juxtaposent

confusément à des éléments de philosophie moderne qui ne peuvent s'y raccorder
et qui, détachés eux-mêmes du tout dont
ils font partie et des principes les plus
généraux d'où ils procèdent, y perdent
toute la force de leur sens.

Quand, avec Copernic, Galilée, Descartes, la philosophie moderne armée des
instruments de l'observation et du calcul,
fut montée à l'assaut du vieil édifice scolastique, construit par le jeu logique des
idées, mais aussi, ce qu'on ne doit point
perdre de vue pour en apprécier la qualité, sous le souffle de l'enthousiasme
religieux, quand cette philosophie y eut
enfoncé, comme autant de coins qui le
disjoignirent et le mirent en pièces, ses
découvertes irrécusables, ses méthodes
éprouvées, ses notions expérimentales
indestructibles, les docteurs catholiques
ne surent que faire. Ils ne tentèrent pas
de repousser une attaque invincible et
qui ne visait d'ailleurs pas leurs dogmes
directement, mais qui menaçait de les

placer dans une situation difficile, par les larges brèches faites à la philosophie qui les avait jusque-là traditionnellement soutenus. Ils n'essayèrent pas davantage la conciliation savante dont je parlais et qui leur eût coûté des sacrifices. Ils procédèrent empiriquement, conservant de l'ancienne doctrine ce qui ne paraissait pas trop atteint par la nouvelle, prenant à la nouvelle ce qui ne heurtait pas trop directement l'ancienne. Ainsi se forma la philosophie de Bossuet, dont l'extrême faiblesse frapperait les yeux, sans le merveilleux talent d'expression qui la revêt et sans les beaux mouvements de mysticisme lyrique, inspiré de saint Augustin, dont elle se relève. Otez ce talent, ôtez ce lyrisme, vous avez la philosophie sulpicienne, la philosophie de séminaire qui fleurissait ou qui, plutôt, moisissait en l'année 1840. Un amas de thèses thomistes et de théories cartésiennes, dont le choix alternatif est dicté par la crainte de l'hérésie et par la crainte

du ridicule, et qui n'ont l'air de tenir
ensemble que grâce à la timidité d'esprit
qui empêche de pousser les unes et les
autres à leurs conséquences. Ajoutez ce
qui manquait à Bossuet et à Fénelon et
ce qu'apportait principalement M. Manier : des thèses de philosophie écossaise,
c'est-à-dire de « sens commun », glissées
entre celles du grand raisonneur médié-
val et celles du grand raisonneur moderne,
et destinées à en tempérer, au besoin, le
choc dangereux. Nulle vue supérieure
qui embrasse cette collection aventureuse
pour en apprécier la somme et le résultat
général. Jamais produit de l'esprit humain
ne mérita davantage la qualification de
scolastique, en ce qu'elle a de péjoratif.
Saint Thomas n'y est plus saint Thomas,
Descartes n'y est plus Descartes. On n'en
a plus que le squelette. Les concepts, les
raisonnements sont exclusivement tirés
du sens des mots dans le dictionnaire,
qu'ils ne font en quelque sorte que dévi-
der, bien loin que la signification des mots

se modèle, ainsi qu'il serait souhaitable,
sur les inflexions et les contours de la réalité et sur les mouvements de l'esprit
pensant. Lisez les preuves de l'existence de Dieu chez saint Thomas et
chez M. Noget-Lacoudre. Ce sont les
mêmes, et elles diffèrent beaucoup. Là,
un feu d'intelligence et de sentiment qui
parcourt l'enchaînement ascendant et syn-
thétique des idées et ne se sert d'elles que
comme d'un appui pour s'élever d'un élan
mystique vers les hauteurs. Ici, les mêmes
idées, prises lourdement, traitées à froid,
mises bout à bout comme des blocs de
maçonnerie, entre lesquels aucune communication intérieure ne s'établit, avec
quelque vigueur qu'on les presse. Certes,
si on considère en eux-mêmes, dans leur
substance intellectuelle, leur teneur logique, leur mécanisme dialectique, les
traditionnels arguments en faveur de
l'existence de l'Etre parfait, tels que les
présente saint Thomas, ils ne prouvent
pas plus chez lui ce qu'ils prétendent

prouver, que chez les autres métaphysiciens théistes. Ils sont frangibles aux
mêmes endroits. Mais saint Thomas a,
comme saint Augustin, la vision intuitive
et éblouie de Dieu; et tous les spectacles
du monde concourent chez lui à la nourrir. C'est l'argument le plus communicatif
du théisme, ou plutôt le seul. Il circule
chez l'auteur de la *Somme*, à travers les
preuves d'école, les animant et les échauffant. Dans la philosophie de séminaire,
celles-ci sont toutes desséchées, et par là
non seulement inopérantes, mais rebu-
tantes. Dieu est démontré comme on dé-
montrerait par statistiques et renseignements l'existence d'une certaine région
géographique où il n'a pas été possible
d'aller voir. Tout cela était fort loin d'ex-
clure la sobriété intellectuelle et le dédain
du brillant, dont Renan loue ses anciens
maîtres. Et l'on serait même tenté de lui
reprocher qu'il ait uniquement pris en
bonne part ce caractère de leur esprit.

Qu'ils ne s'aperçussent pas de l'incohérente débilité d'une telle philosophie, c'est ce dont on ne doit pas être surpris en un sens. La spéculation philosophique était loin de constituer pour eux la principale affaire de ce monde. Prier les intéressait plus que penser. Mais comment, éminemment croyants et pieux, ainsi qu'ils étaient, ne s'apercevaient-ils point qu'elle n'était pas catholique ? Elle ne l'était pas. Elle ne marquait certes aucune opposition avec la doctrine de foi, avec ce qu'il faut croire. Mais n'était-elle pas en opposition avec les conceptions que cette doctrine présuppose logiquement et qui en sont comme la condition préalable dans le domaine philosophique ?

C'est ce dont nous allons nous rendre compte à propos de la question capitale du mystère, que nous allons envisager au point de vue catholique, mais d'ailleurs dans l'intention exclusive d'éclaircir en cela un problème d'histoire intellectuelle générale, qui se confond presque avec le problème de la formation des idées philosophiques chez Ernest Renan. Le second n'est, en quelque sorte, qu'un cas particulier du premier.

Les dogmes chrétiens sont des mystères. Les mystères se définissent des vérités qui passent la capacité appréhensive naturelle de notre raison et que nous ne pouvons connaître que si elles nous sont révélées. Définition d'où il résulte que les mystères n'appartiennent point à ce qu'on appelle vérités de fait, du moins au sens naturel du mot. La transformation de la substance du pain en substance divine dans le sacrement de l'Eucharistie, est un mystère. Ce n'est pas un fait. C'est au regard de la foi, l'insertion invisible, insensible, d'une réalité éternelle, que nous ne pouvons connaître qu'en idée, dans le corps d'un fait, qu'elle ne modifie en rien, comme tel. Les miracles (s'il y a des miracles) sont des faits. Ils ne sont pas des mystères. Ils sont des manifestations de la puissance divine que nous sommes, d'après la doctrine de l'Eglise, capables de concevoir par notre seule raison ; et c'est par notre seule raison que nous les y rapportons, comme à la seule cause qui puisse les expliquer. Les miracles sont précisément destinés à convaincre l'incrédule de l'autorité de celui qui lui apporte les mystères. Des vérités de fait ne sauraient avoir rien de mystérieux. Elles ont beau être ignorées de nous ; elles ont beau être éloignées de nos prises ; il est, au moins logiquement, concevable que nous les puissions saisir quelque jour par nos propres forces, grâce à une extension suffisante de nos sources d'information, grâce à un suffisant progrès de nos moyens d'observation et d'expérience. La réciproque va de soi. S'il y a des vérités que notre entendement ne puisse pénétrer à cause de sa faiblesse native, et parce qu'il n'est qu'humain, de telles vérités ne seront point rapprochées de notre portée par le développement, si loin qu'il aille et si haut qu'il monte, de nos connaissances de fait, de nos connaissances expérimentales. Les objets de ces vérités ne sont pas de ceux que l'expérience puisse atteindre. Ils sont situés hors de sa sphère. Ils appartiennent au monde métaphysique. La métaphysique est le champ transcendant et céleste où le mystère fleurit.

Si les données de l'expérience et des sens ne sauraient de toute évidence nous représenter les réalités métaphysiques, sous quelle forme celles-ci se représentent-elles à notre intelligence ? Sous la forme d'idées purement abstraites. C'est beaucoup trop dire. La pure abstraction ne saurait avoir de place dans notre intelligence, trop mêlée aux sens. Disons que, s'il y a des réalités métaphysiques et que nous puissions nous les représenter en quelque mesure et en quelque façon, ce sera au moyen des idées les plus abstraites et les plus dépouillées de matière qu'il nous soit possible de nous former. D'autre part, toute vérité, vérité de fait ou vérité métaphysique, est l'expression d'un certain rapport ; là, entre des faits ; ici, entre des idées. Nous arrivons à cette définition : les mystères consistent dans l'affirmation d'un certain rapport incompréhensible entre des idées abstraites d'ordre métaphysique. Cet incompréhensible rapport, nous sommes obligés de le croire, sur l'autorité de l'organe terrestre qui nous le communique de la part de Dieu.

Comment cela se peut-il ? N'y a-t-il pas dans la notion même du mystère, ainsi défini, quelque chose de contradictoire ? Des rapports de faits sont ce qu'ils sont. Notre intelligence n'a qu'à les recevoir de l'expérience qui les constate. Que Paris soit à mille lieues de Pékin ou à dix mille, que Mars soit habité ou qu'il ne le soit pas, ma raison y est de soi-même indifférente ; elle s'accommode aussi bien d'une proposition que de l'autre. Il n'y a rien dans la nature de Paris ou de Pékin qui commande ou qui exclue qu'ils soient à telle ou telle distance. Il n'y a rien dans la nature de la planète Mars qui commande ou qui exclue logiquement qu'elle soit habitée. Elle répond à la définition d'un lieu habitable. Est-elle habitée ? Il faudrait y aller voir ou le savoir par signaux. Mais une proposition qui met en rapport, non pas un fait et un fait, non pas une idée et un fait, mais deux ou plusieurs idées, deux ou plusieurs notions abstraites et logiquement définies, une telle proposition est soumise aux lois de la pure logique ; et ce qu'elle a de légitime ou d'illégitime en elle-même dépend de la signification ou, comme disent les philosophes, du contenu de ces idées, de ces notions qui en forment les termes. Qu'un triangle vaille deux angles droits, ou bien qu'une chose étendue, si on la définit avec Descartes, une juxtaposition de parties inertes, extérieures les unes aux autres, sans activité concentrante et centripète, ne puisse avoir conscience de soi-même, cela résulte de la définition du triangle et de l'angle droit, de la définition de l'étendue et de la conscience. J'accepte clairement ces propositions comme vraies, parce que je conçois clairement les notions qu'elles mettent en jeu et, par suite, ce qui peut être affirmé ou nié de l'objet de ces notions. Je repousserais clairement comme fausses, pour le même motif, les propositions qui énonceraient le contraire. S'il y a des propositions du même genre, dont mon intelligence entende bien la teneur et le sens, mais dont elle se sente incapable d'apprécier la vérité ou la fausseté, c'est qu'elle a conscience de ne se point représenter assez clairement ni complètement le contenu de leurs notions composantes. Ainsi je comprends fort bien l'énoncé de certains rapports de grandeur entre l'ellipse et la parabole. Et je ne sais pas de moi-même s'il y faut souscrire, faute de posséder des propriétés de ces deux sortes de courbes une définition dont je sois certain qu'elle en contienne et qu'elle en mette à leur place toutes les propriétés. Du moins, étant un peu renseigné sur l'ellipse et la parabole, puis-je saisir, en lui-même, le sens d'un théorème qui les concerne. Voici maintenant un autre cas : celui d'une proposition qui ne me paraît ni vraie, ni fausse, ni douteuse, ni raisonnable, ni absurde, mais purement et simplement incompréhensible. Elle ne saurait évidemment me paraître telle que parce que les termes mêmes de son énoncé me sont incompréhensibles, soit que je ne les aie jamais rencontrés dans mes lectures, soit qu'ils soient pris dans un sens auquel je n'ai jamais été initié. Par exemple une proposition sur les ions et les électrons, ou bien sur l'entéléchie d'Aristote ou le noumène de Kant, si je ne me suis jamais fait expliquer ces expressions. Dans la mesure où on aura réussi à me les expliquer, j'en saisirai tout au moins les applications.

Les mystères nous présentent cet extraordinaire paradoxe de propositions qui seraient à la fois incompréhensibles en elles-mêmes, et compréhensibles dans leurs termes. Incompréhensibles, elles le sont par définition. Et, quant à leurs termes, comment l'auteur de ces propositions se serait-il dérobé à la nécessité d'user de termes compréhensibles pour nous ? Il nous ordonnait d'y croire. Il a bien fallu qu'il nous les énonçât et, à cette fin, s'il n'employait pas des signes cabalistiques, où nous n'aurions absolument rien entendu, qu'il se servît de mots, de mots de notre langue, dont nous pussions, au besoin, trouver le sens dans le dictionnaire. Ces mots expriment des idées présentes à notre entendement. Et l'assemblage de ces idées donne un sens qui se veut inaccessible à notre entendement. Comment cela se peut-il ?

Les mystères chrétiens consistent notamment en certaines applications des idées suivantes : *nature* ou *essence, substance, personne, génération. Nature,* ou *essence,* signifie l'ensemble des attributs

7

et qualités constitutives d'un être, des attributs et qualités qui le rattachent à un genre et non à un autre, qui lui donnent un nom et font qu'il est homme, par exemple, et non pas animal ni dieu. *Substance* se dit d'un être qui existe en lui-même et par lui-même, et non pas en un autre être ou par un autre être, comme mode, qualité ou fonction de celui-ci. La couleur n'est pas substance, mais qualité ou mode d'une substance ; la pierre, revêtue d'une certaine couleur, et qui peut changer de couleur, est substance ou substrat par rapport à cette couleur. La *personne* est la substance pensante et autonome. Il n'y a dans la nature qu'un seul genre d'être qui possède la personnalité. C'est l'homme. *Génération* est la production d'un vivant par un vivant de même espèce.

L'idée de nature ou essence étant posée, tout être a une certaine nature ou essence. Un certain nom commun lui convient. Il est d'un certain genre. Et l'on peut dire

que son genre est d'autant plus déterminé
et tranché qu'il est plus haut placé dans
l'échelle des êtres, puisque à une plus
grande élévation de rang hiérarchique
correspond une plus riche composition,
un plus délicat équilibre de qualités et
de propriétés constitutives. Cependant un
mystère nous enseigne la réunion de deux
natures hétérogènes, qui, loin de se per-
turber réciproquement, s'accordent et
coopèrent, dans le sein d'un être unique,
placé au sommet de l'échelle de la nature,
car il est homme, au sommet de l'échelle
universelle, car il est Dieu. Dieu et
homme en une seule personne.

Si, parmi tous les êtres auxquels convient le nom de substance, il en est un
qui le mérite éminemment et entre tous,
c'est l'être qui possède la personnalité.
Il est spontané, indépendant, libre, maître
de ses mouvements et de sa direction. Cependant, un mystère nous parle de trois personnes formant ensemble une seule substance. Comment peuvent-elles être trois ?

La génération d'un vivant est un fait que nous ne pouvons nous représenter que s'accomplissant dans le temps et qui suppose la préexistence du générateur par rapport à l'engendré. Voici un mystère où il est question d'une génération éternelle, de la contemporanéité éternelle (si l'on ose risquer cette figure) du générateur et de l'engendré.

Là-dessus, j'entends bien Voltaire. Ne vous épuisez pas la tête, me dit-il, sur ce charabia. S'il y a des genres, un être est d'un genre et non de deux. S'il y a des substances (ce qui n'est d'ailleurs pas sûr, car c'est là un jargon bien scolastique) trois personnes sont trois substances, elles sont trois personnes. Un vivant n'est pas un vivant ; ou bien il a été engendré en telle année, à telle date.

Charabia est très vite dit. Il est peu philosophique de régler aussi expéditivement le compte d'un charabia qui a eu un si prodigieux succès, auquel de longs siècles ont cru, presque sans opposition, auquel une grande partie de l'humanité croit encore, en pensant, il est vrai, moins formellement à ce qu'elle croit, que ne faisaient les intelligences du moyen-âge. Les livres écrits pour l'expliquer forment peut-être une bonne moitié de tous les livres qui aient jamais été écrits. De beaux génies, comme saint Augustin, saint Thomas se sont exercés, avec une étonnante passion intellectuelle, à le pénétrer. Il doit avoir une clé à quoi Voltaire, dans son emportement polémique, ne songe point, et qui, même à ses yeux, en eût adouci le scandale intellectuel apparent. La voici, je crois.

Les notions qui figurent dans l'énoncé des mystères chrétiens ; d'une manière générale, toutes les notions susceptibles de figurer dans l'énoncé des vérités incompréhensibles pour nous, qu'il aurait pu plaire à la sagesse divine de nous révéler, ne sont pas assimilables aux notions mathématiques. Elles ne sont pas généralement assimilables aux notions qui représentent à notre esprit quelque chose d'entièrement défini et délimité et dont notre esprit aperçoive avec une égale lucidité tous les éléments constituants et rapports intérieurs, dont il puisse, si j'ose dire, faire complètement le tour. Elles sont d'une autre constitution et ont une autre portée. Ce qu'elles renferment déborde ce que nous concevons sous leur nom. Elles ont en quelque sorte, deux sens ; l'un qui nous est accessible, l'autre qui nous passe. Ces deux sens ne sont pas en opposition, et ils ne sont pas non plus foncièrement deux, sans quoi ils n'auraient pu figurer sous une même notion, sous un même mot. Mieux vaut dire qu'ils forment deux degrés et comme deux étages d'un même sens. Ils ne s'op-posent, ni ne se juxtaposent. Ils se super-posent. Le second continue et prolonge le premier dans le sens de la hauteur. La suite qu'ils forment est comparable à une montée que nous gravissons jusqu'à un certain point. Au delà, nous ne pouvons plus, parce que la lumière devient trop éblouissante pour la débilité de nos yeux, l'air, trop riche pour notre souffle. Mais passé cette limite de notre ascension, c'est le même genre de paysage et de végétations qui se poursuit, en beaucoup plus beau, c'est le même air, mais merveilleusement condensé. Ces régions supérieures ont, en leur inaccessibilité, assez d'analogies avec nos régions humaines, pour que nous y puissions rêver avec fruit et essayer d'en esquisser en nos méditations l'image radieuse. C'est ainsi que saint Thomas ne craint pas d'approfondir le mystère de la Trinité et son économie intérieure. Il s'acharne à concevoir les relations ineffables des trois personnes sur le modèle des relations que la conscience aperçoit entre les diverses fonctions de l'âme humaine.

Voilà ce qu'implique, ce qu'exige logiquement la doctrine ou plutôt la possibilité même du mystère. Mais ce qu'elle implique et exige, est-il donné ? Y a-t-il lieu de penser que les notions, du moins un certain nombre des notions dont notre esprit dispose naturellement, se prêtent à ce double emploi et puissent, tout en restant substantiellement les mêmes notions, convenir d'une part aux objets de nos connaissances naturelles et, d'autre part, aux objets surnaturels du mystère ?

Il existe une philosophie qui paraît répondre affirmativement à cette question et, bien que purement rationnelle elle-même dans ses desseins, offrir à des esprits religieux les cadres où ils peuvent loger le mystère. C'est la philosophie platonicienne. Je dirai, en thèse plus générale : la métaphysique grecque, proprement la Théorie grecque des idées, commune pour le fond à Platon et à Aristote. Mais je ne voudrais pas mettre en discussion les très fortes nuances qui, sans opposer radicalement ces deux philosophes, créent néanmoins entre eux une différence considérable. Ce qu'ils ont de commun intéresse seul mon sujet.

La métaphysique grecque constitue l'ambiance intellectuelle dans laquelle le dogmatisme chrétien naissant s'est développé. Les chrétiens instruits apportaient dans les écoles grecques une foi ; la foi qui avait germé dans les communautés mystiques formées autour de Jésus et de ses disciples et que l'action personnelle de saint Paul avait tant contribué à multiplier en leur apportant de nouvelles inspirations. Les articles fondamentaux de cette foi étaient les suivants : perdition native de l'homme et inimitié de Dieu contre lui, venue du Messie Jésus pour en opérer la réconciliation, humainement impossible, rédemption et salut par Jésus et en Jésus, grâce à notre association en esprit aux intentions de ses épreuves et de ses souffrances expiatrices. Saint Paul, juif avant tout, ayant affaire aux Juifs, ne se faisant des choses grecques qu'une idée obscure, défendait cette foi nouvelle contre les chicanes rituelles et scripturaires des scribes et des pharisiens. Les chrétiens hellénisants et cosmopolites éprouvaient le besoin de la défendre contre les objections de la raison grecque et, pour cela, de lui donner, avant tout, une forme, une expression rationnelle. Que leur croyance mystique ne trouvât pas le moyen de se justifier au regard de la métaphysique, elle serait condamnée et repoussée dédaigneusement en son nom ; elle passerait pour la vision de petits sectaires juifs ; elle n'aurait pas assez de dignité apparente pour se faire agréer des peuples. Avant tout, l'intensité sans limite de l'espoir et de la confiance que Jésus et le nom de Jésus leur avaient inspirés, voulait qu'il fût Dieu. Ne déliait-il pas souverainement l'homme des liens du péché ? N'obligeait-il pas le Juge suprême à lui faire grâce sans réticence et sans discussion ? Qui peut obliger Dieu, sinon Dieu ? D'autre part, ce Sauveur suprême avait paru en ce monde sous les espèces d'un homme, et la reconnaissance de cet homme comme Dieu, déjà pleine de di-

ficultés en elle-même, non certes pour
le cœur du croyant, mais pour son esprit
logique, était rendue deux fois difficile
par la croyance des chrétiens en l'unicité
du Dieu Tout-Puissant. Les chrétiens
juifs y croyaient comme Juifs. Les chrétiens des nations y croyaient comme philosophes ; la diffusion de la philosophie,
allant de pair avec la décadence de la
religion populaire, avait, depuis long-
temps, banni de tous les esprits un peu
distingués le polythéisme. L'affirmation
de Jésus-Dieu, certaine pour les âmes de
ses disciples, attestée par l'ardeur même
de leur prière, qui n'aurait pas eu tant
d'élan si un objet réellement divin ne
l'eût attirée, se heurtait, du côté intellectuel, à bien des obstacles. Ne boulever-
sait-elle pas toutes les catégories logiques ?
Ne portait-elle pas le massacre dans toutes
les notions élémentaires et universelles
sous lesquelles notre esprit classe, dis-
tribue, pense nécessairement toutes choses, et en violation desquelles il semble

bien qu'il ne puisse point penser du tout : notions du *genre*, de l'*essence*, de l'*accident*, de la *substance*, du *mode*, de la *matière*, de la *forme*, et autres semblables ?

La nature de la difficulté, les termes du problème indiquaient l'unique voie de la solution, qui était bien celle que j'ai dite. Il fallait que les applications que nous faisons de ces universelles notions aux objets qui nous entourent habituellement n'en constituassent pas tous les modes d'applications possibles. Il fallait que les convenances et disconvenances qui existent entre elles, dans l'ordre de leur emploi ordinaire et dans le commun usage de la pensée, n'en épuisassent point tous les éléments et n'en mesurassent pas la plénitude de signification intrinsèque. S'il y avait un cas d'où résultât la nécessité de leur présupposer une signification supérieure à celle que nous concevons naturellement, c'était bien le cas de Jésus. La prodigieuse impression reçue de lui, la révolution qu'il portait dans les âmes

attestait l'immédiate présence en son être,
des réalités transcendantes d'un autre
monde. La philosophie platonicienne se
trouvait là, qui établissait l'existence et
les fondements de cette double acception
désirée.

Selon Platon, les objets qui composent
la nature, les réalités sensibles qui nous
entourent, sont composés de deux éléments : un élément « matériel » qui répond
à ce que ces réalités ont de transitoire et
de périssable, un élément idéal, qui tient
à un certain type ou archétype éternel,
suivant lequel elles sont conformées.
Toute la nature est ainsi faite. Ce que
sont les choses et les êtres qu'elle renferme, résulte du concours entre une
matière indéterminée relativement ou absolument (je laisse de côté cette distinction, qui n'importe pas ici) et un certain
ensemble de modèles métaphysiques dont
les traits s'empreignent dans cette matière et d'où elle reçoit les formes et les
qualités que nous lui voyons. Considérés

en eux-mêmes, indépendamment de leurs
incorporations matérielles, grossièrement
imparfaites, ces modèles métaphysiques
sont de pures idées en lesquelles s'exprime,
à l'état de perfection, tout ce qui peut être
et être conçu. L'ensemble de ces idées
compose la pensée divine qui manifeste
en elles son inépuisable richesse. Elles
ont donc deux manières d'exister : l'une,
suprasensible, dans laquelle elles sont
pleinement ce qu'elles sont; l'autre, sensible et terrestre, dans laquelle elles ne
sont que ce qu'a pu recevoir de leur divin
contenu le contenant inférieur dans lequel
elles se sont déversées. C'est là-haut, dans
la fluidité de l'éther métaphysique qui
n'y met aucun obstacle, qu'elles peuvent
dérouler la plénitude de leurs profondeurs
et de leurs splendeurs intérieures, alors
qu'ici-bas le déploiement en est arrêté,
morcelé, déchiqueté par l'obstacle matériel avec toutes ses anfractuosités. Or,
ce qui se passe objectivement répond à ce
qui se passe dans notre intelligence. Liée

au sens, plongée dans le corps, celle-ci ne saisit les idées qu'à travers les impressions sensibles des choses, c'est-à-dire déformées par une couche d'ombres épaisses. C'est bien elles néanmoins qu'elle voit ; car elle ne peut se nourrir que d'elles ; elle n'existe que par elles et en vertu d'elles, par la faible participation qu'elle y a. Les mêmes idées qui donnent aux choses physiques leurs noms donnent aussi aux choses métaphysiques leurs noms. Mais ces noms ont, par rapport aux choses métaphysiques, des sens infinis que la langue humaine ne peut formuler parce que l'esprit humain ne les peut embrasser.

Ces sens, la révélation les communiquait aux hommes en formules humaines. Voilà pourquoi, d'après la foi, ces formules sont à la fois incompréhensibles et plus pleines de pensée implicite que toutes les formules de la raison. A vrai dire, les Pères ne les considéraient point comme les données immédiates de la révélation. Et ils n'eus-

sent pu les considérer comme telles. Elles
ne figurent pas dans les livres sacrés. Elles
sortaient des méditations des Pères eux-
mêmes et des délibérations des Conciles.
Mais elles offraient, à leurs yeux, la plus
exacte expression qui pût être donnée
en termes de raison des inexprimables
vérités qui s'étaient irrésistiblement révélées à la foi au contact de Jésus. Vérita-
blement elles étaient elles-mêmes révélées.

Ce n'est point dans une simple intention d'hommage au génie de Platon que
les Pères ont souvent parlé de lui comme
d'un Père de l'Eglise avant la lettre. C'est
pour une raison doctrinale précise. Sa
philosophie ne contenait pas la révélation.
Elle en posait virtuellement la question.
Elle disait qu'il y a des objets de révélation possible. Elle réservait, par delà la
sphère de la raison naturelle, le champ
où s'offre aux inspirés et aux prophètes
la moisson divine des vérités révélées.

Le terrain que la philosophie grecque

aménageait à la révélation, la philosophie moderne le lui retire. La base métaphysique que la philosophie grecque fournissait au mystère, elle en fait table rase.

La philosophie moderne (cartésianisme, empirisme, criticisme, panthéisme) se tourne tout entière contre la doctrine hellénique des idées ou de l'idéal. Elle supprime l'idéal. Elle ne le supprime pas comme terme des aspirations et des rêves de l'homme, comme objet moral de sa volonté. Elle ne supprime pas l'idéal intérieur de l'âme. Ce qu'elle supprime, c'est l'idéal comme réalité. Pour les Grecs, il était la réalité des réalités. Elle n'admet plus l'idéal comme élément présent dans la nature, comme principe possible d'explication des choses de la nature.

Cette transformation, cette révolution moderne de la philosophie n'a pas eu pour cause initiale de nouveaux raisonnements. Elle ne tient pas à quelque retournement de la dialectique, auquel les philosophes se seraient divertis pour l'amour de l'art. Jamais les grands changements de direction de la pensée humaine ne se produisent de cette façon. Celui-ci, comme tous les autres, a été déterminé par la pression des faits. A partir du XVIe siècle, la somme des connaissances expérimentales de l'homme s'est extraordinairement accrue et multipliée par la vertu des instruments matériels d'investigation dont il avait été si faiblement pourvu jusquelà. A la fin du XVIIe siècle, l'ensemble des connaissances astronomiques, physiques et géographiques acquises, était aux connaissances de même genre chez un homme du XIIIe siècle, à peu près ce qu'est l'Océan à la Méditerranée. Ajoutez-y l'immense apport de savoir biologique, historique et philologique dont le XVIIIe et le XIXe siècle ont été témoins. Ce prestigieux afflux d'informations sur les choses de la nature et sur les relations de fait qu'elles ont entre elles, a donné fort à faire à l'intelligence humaine.

Elle s'y est tout entière occupée. Elle y a perdu le loisir de contempler l'idéal et d'en poursuivre du regard, au ciel, les linéaments. Au ciel, elle observait les innombrables constellations découvertes par la lunette astronomique et que les anciens ne soupçonnaient pas.

Cependant, le besoin de hautes contemplations métaphysiques, que l'intelligence humaine aurait pu continuer de concevoir au milieu de toutes ces richesses de science expérimentale dont le débrouillement absorbait ses soins, la doctrine platonicienne eût-elle suffi désormais à le contenter ? Les « idées », les archétypes de Platon sont l'idéalisation des êtres de la nature, conçus ou rêvés sous leur forme de beauté parfaite. Le monde platonicien des idées, pris dans son ensemble, est l'idéalisation de l'univers. Mais l'univers que Platon avait sous les yeux, combien était-il moins vaste et moins plein de choses que celui qu'on en était venu à connaître par l'expérience !

Cet univers des modernes, le ciel platonicien, si lumineux et brillant, n'avait plus
assez d'ampleur ni de profondeur pour le
refléter. Le couvercle d'or composé par
la métaphysique grecque pour en couronner la nature était de l'or le plus pur.
Mais il était devenu trop petit.

Les Grecs, non plus que leur plus
illustre héritier au moyen-âge, saint Thomas, n'ignoraient pas la méthode expérimentale. Quand Aristote a les moyens
d'expérimentation nécessaires pour expliquer physiquement les choses physiques,
il ne manque pas de le faire. Mais les
moyens d'expérimentation des Grecs, encore une fois, étaient courts. Aussi recou-
raient-ils volontiers, et Aristote lui-même,
à l'explication du physique par le métaphysique, du réel par l'idéal. Par exemple,
quand ils prononçaient que le ciel est
une sphère, parce que le mouvement sphé-
rique, impliquant le passage indéfini des
mêmes points par les mêmes lieux, est
celui qui ressemble le plus à l'éternité

divine. Ou bien, quand ils décidaient que
les astres sont faits d'une matière incor-
ruptible, parce qu'ils sont, de tous les
corps de la nature, les plus directement
influencés par l'esprit divin. (Ce fieffé
théologien d'Auguste Comte raisonnait
à peu près de la même manière en plein
XIXe siècle. Il prétendait que les corps
célestes se déroberaient toujours à l'étude
chimique, dont ils se sont, depuis cette
prophétie, montrés justiciables, comme
chacun sait. Il voulait qu'ils n'intéres-
sassent que la mécanique. Et le seul motif
qu'il eût de le vouloir est que la mécanique, qui est une science mathématique,
est plus noble que la chimie, donc plus
digne des étoiles.) Chez les bas scolastiques
du moyen-âge et surtout de la fin du
moyen-âge, ces manières de rendre compte
du fait physique par l'idée abstraite per-
dirent le caractère esthétique et élégant
qu'elles avaient au moins chez les Grecs,
pour dégénérer en ces explications plate-
ment verbales, en ces tautologies pédan-

tesques dont Descartes, Malebranche et Molière se sont tant moqués.

Les immenses succès intellectuels procurés aux modernes par la méthode qui ne cherche que dans le cercle de la nature les raisons. explicatives ou, du moins, les ressorts moteurs des événements et des choses de la nature, ont consommé la ruine philosophique de l'idéalisme grec.

Les notions que les modernes s'appliquent à se former des choses, les divers genres de notions qu'ils croient valables pour leur représenter ce que sont les choses, ou, du moins, ce que nous en pouvons connaître, sont des notions sans mystère. Elles ne renferment plus ces horizons intérieurs latents, supposés présents dans les notions grecques, horizons où l'intelligence ne pénétrait pas, mais dont une communication divine pouvait lui apporter de sybillines nouvelles. Les notions modernes n'ont rien qui déborde l'esprit humain qui les pense. Elles ne contiennent que ce qu'il conçoit et com-

prend sous leur nom. Elles lui sont entièrement explicables. Au delà de ce qu'elles
lui représentent, se trouve un inconnu
infini. Mais il n'y a pas infiltration mystérieuse de cet inconnu dans nos idées
mêmes. La démarcation est nette. Cela
est évidemment vrai au regard des philosophies empiriques modernes, pour qui nos
idées ne se composent que de ce que
l'expérience nous a apporté. Cela n'est
pas moins vrai au regard des philosophies
métaphysiques modernes, selon qui nous
avons certaines idées innées. Car ces idées
sont par elles-mêmes comme vides. Elles
ne prennent de corps et de valeur que
dans leurs applications aux données pal-
pables que les sens nous fournissent et
comme instruments logiques pour coor-
donner ces données. C'est la doctrine de
Kant. Et Descartes ? N'est-il pas une
sorte de platonicien, lui qui situe dans
l'esprit éternel et parfait de Dieu les idées
et plans intelligibles selon lesquels l'univers est formé ? Oui, il les y situe. Mais

de quelles sortes d'idées et de plans
s'agit-il ? D'idées géométriques, de plans
mécaniques. Certes, il est infiniment au-
dessus de notre portée humaine d'en
embrasser l'ensemble et l'universelle économie. Mais le peu que notre mathématique humaine en embrasse est de contours entièrement nets et il est tissé de rapports entièrement clairs. Il n'y a pas d'au-
delà dans les connaissances mathématiques,
de halo autour de leurs termes. On a ces
connaissances ou on les a pas. Le Dieu de
Descartes pourrait nous communiquer une
beaucoup plus grande somme de connaissances mathématiques que nous n'en
avons. Mais, étant mathématiques, elles
porteraient en elles-mêmes la plénitude
de leurs explications et de leurs raisons.
Elles ne seraient pas des mystères. Le
Dieu cartésien, en son acte créateur,
passe du mathématique, qui lui sert de
modèle, au physique, qui réalise exactement ce modèle. Il n'y a pas plus de
mystères entre l'un et l'autre qu'entre

l'épure de l'ingénieur et la machine construite sur cette épure. Il ne pourrait y avoir que des imperfections et des déchets.

Ces « catégories de l'être », ces idées d'*essence*, de *genre*, de *nature*, de *substance*, *matière* et *forme*, auxquelles se rapportaient les mystères, dont les formules en sont tramées, n'ont plus, dans la philosophie moderne, aucun sens métaphysique. Ce sont simplement des catégories logiques et grammaticales. Il leur est attribué une signification empirique et relative, non une signification absolue. *Genre* se dit d'un ensemble de qualités, et traits apparents, communs à un certain nombre d'êtres individuels, traits dont la somme et l'importance l'emportent sur ce qui différencie ces êtres individuels et font d'eux un groupe distinct parmi les êtres. Il y a loin de là à l'idée de genre en soi, de genre éternel et d'essence constitutive de ce genre. Tout ce que nous avons appris nous montre dans ce que nous

appelons genres des résultats de fait de
l'œuvre de la nature, qui, dans son activité poursuivie toujours, peut progressivement défaire ces résultats, comme elle
les a progressivement construits. L'idée
de *substance* nous paraît avoir la même
relativité. La science l'a bannie absolument du domaine de la chimie et de la
physique où l'on n'a affaire qu'à des
réalités qui sont mobiles jusque dans
leurs parties les plus intérieures. Elle avait
trouvé un dernier refuge dans l'unité du
« moi, » qu'on croyait ne pouvoir expliquer
que par la présence d'une réalité *substan-*
tielle. La psychologie nous fait voir dans
cette unité un concert et un équilibre
instable d'éléments très complexes et
d'actions incessantes, auquel cette notion
ne serait applicable que dans un sens
tout au moins très rénové. En tout cas,
rien n'est plus sujet à analyse et à discussion.

Voilà les gros traits d'une histoire intellectuelle dont les auteurs des philosophies de séminaire étudiées par Ernest Renan ne se doutaient pas. Ils ne la soupçonnaient guère plus que des nouveau-nés. On leur aurait exposé que la foi catholique s'était, de ses origines au XVIe siècle, attachée à la philosophie grecque, comme une âme à son corps ; que, depuis, elle avait déserté ce corps vieilli et menaçant ruine, pour demander hospitalité à la philosophie cartésienne ; mais que ce nouvel habitat s'était découvert fort peu commode pour elle, et même étouffant ; ce langage leur aurait causé une prodigieuse surprise. Ils étaient cartésiens ou s'imaginaient l'être. Ils étaient croyants, dans toute la sincérité de leur âme. Mais leur cartésianisme était (comme celui de Bossuet) un cartésianisme de carton dans lequel ils pratiquaient avec innocence toutes les ouvertures nécessaires pour que leur foi dogmatique y pût respirer. Leurs traités commençaient par le chapitre de l' « ontologie », qui veut dire « science de l'être ». Ils y définissaient les « catégories ». Qu'ils en assemblassent les définitions sous un tel titre, cela signifiait qu'ils ne les prenaient pas pour de simples catégories logiques, mais pour des catégories métaphysiques, qu'elles n'exprimaient pas simplement à leurs yeux une manière naturelle de classer les faits d'après leurs relations générales les plus apparentes, mais traduisaient le fond même et la nature absolue des choses. — Malheureusement pour leur renom de cohérence, ils y joignaient le critérium cartésien des « idées claires », qui se présente dans leur doctrine comme également fondamental. Or, ceci exclut absolument cela. Les idées claires de Descartes sont des idées dont tous les éléments constitutifs et tous les rapports intérieurs sont exactement définis. Le type accompli s'en trouve dans les notions mathématiques. Descartes voudrait que toutes nos notions fussent amenées à la clarté interne des notions mathématiques. A bon droit, il refuse la qualité d'idées claires à l'essence, à la substance, au genre et autres catégories. La philosophie du séminaire mettait pêle-mêle, comme ayant le même genre de valeur, ces idées et les idées claires cartésiennes. Confusion insoutenable, mais qui laisse d'ailleurs ouverte la question de savoir s'il nous est possible de philosopher exclusivement avec des idées claires au sens cartésien.

Il serait trop technique de faire voir, dans un écrit comme celui-ci, ce qu'il y avait de ridicule dans leur perpétuel emploi du syllogisme. Le syllogisme est toujours bon, comme procédé de pédagogie élémentaire, pour apprendre à expliquer les mots, en analysant et divisant les notions. Comme instrument de recherche et forme d'exposition philosophique, il ne se justifie qu'au point de vue de la doctrine gréco-scolastique des idées ou des idéaux ; cette doctrine en mesure l'application légitime, elle circonscrit les questions où il convient. Hors d'elle, il

n'est que tautologie, il n'a, pour ainsi
dire, pas d'objet ni de raison d'être. La
philosophie du séminaire ne soupçonnait
pas cette condition. Elle syllogisait méca-
niquement et à outrance. Ainsi, elle faisait
un syllogisme pour démontrer que ce que
je ressens, s'il peut être illusoire et ne pas
répondre à une réalité objective, n'en est
pas moins vrai comme sensation, en
d'autres termes, que je ressens ce que je
ressens.

Cette philosophie adoptait, dis-je, le
criterium des idées claires à la Descartes.
La *Philosophie de Bayeux* énonce formellement que Descartes a inauguré la véritable méthode philosophique. Mais ce
criterium, une fois posé, l'inquiétait. En
son imprudente prudence, elle ne le sen-
tait pas de tout repos. Elle entrevoyait
l'incendie qu'il pouvait allumer et qui
dévorerait les thèses de la métaphysique
religieuse. Aussi, à côté de ce foyer dangereux, avait-elle soin de placer les
pompes, lesquelles consistaient dans le

criterium du « sens commun », emprunté
à l'école écossaise et tranquillement jux-
taposé au criterium cartésien des idées
claires. Le sens commun a cette vertu
de faire aisément échec aux excès de la
critique. Ainsi, quand la dialectique kantienne ruine les preuves de l'existence
de Dieu, il lui est opposé que ce n'est
point là affaire de preuves et que l'existence de Dieu est une vérité de sens
commun. N'est-ce point, après tout, ce
que Kant s'oppose à lui-même ? J'ap-
précie fort, pour ma part, le sens commun, à condition qu'on n'en abuse point
et qu'on ne veuille point le faire juge de
ce qui se passe en Sirius. Mais je sais
aussi que l'action des pompes est d'étein-
dre le feu avec l'eau qu'elles lancent et
non pas de marier cette eau avec ce feu
et de leur faire faire bon ménage, comme
l'eût désiré, en son âme conciliante, l'auteur de la *Philosophie de Bayeux*. Le criterium universel des idées claires est si peu
conciliable avec le sens commun, que

c'est précisément contre le sens commun que Descartes l'a expressément dirigé. Les affirmations de sens commun peuvent n'être pas fausses ; elles ont toujours une certaine vérité pratique ; mais elles reposent sur des idées plus ou moins confuses et mal éclaircies. Elles n'ont pas de caractère ni d'autorité scientifique et philosophique. Voilà ce qu'a pensé Descartes.

Parmi les thèses que la philosophie du séminaire recevait si témérairement de Descartes, je veux encore citer la définition cartésienne de la matière comme une chose essentiellement étendue et dont toute l'essence consiste dans l'étendue. Malheureuse philosophie du séminaire, professée par de pieux prêtres qui consacraient chaque jour l'hostie avec les plus vifs sentiments de ferveur et qui ruinaient, dans l'ordre spéculatif, toute la doctrine des sacrements ! L'effet du rite sacramentel est de conférer à une certaine *matière*, dont les apparences ne changent pas, une certaine *forme* nouvelle. Ceci suppose en la matière choisie l'immanente présence d'un certain principe, dérobé aux sens, qui en détermine invisiblement la nature et sur lequel le rite sacramentel agit. Mais si toute l'essence de la matière consiste en ce qu'elle a d'étendu, elle est, si j'ose dire, toute matérielle. Elle refuse dès lors toute prise, tout objet à l'action du sacrement.

Depuis le temps où Renan faisait ses études, une grande réaction s'est accomplie chez les autorités catholiques contre la philosophie qu'on lui avait enseignée. Elles ont répudié ces compromis de hasard entre une scolastique privée de vie et un cartésianisme vidé de sa force. Elles se sont sans doute aperçu que ce faible éclectisme n'avait que deux issues logiques : l'émancipation rationaliste ou bien l'impossibilité de penser, et qu'un esprit qui ne se résignerait pas à celle-ci serait fatalement poussé à celle-là. Elles ont ordonné le retour du catholicisme à sa philosophie native, à cette philosophie grecque des « idées » ou de l'idéal, dont les facilités d'accomodation avec le dogme n'avaient rien de surprenant, car elle avait été, pour sa grande part, la génératrice des formules dogmatiques. Le désir de préserver l'orthodoxie des croyances a inspiré cette réforme. Celle-ci n'en constitue pas moins un événement intellectuel intéressant, au regard des hommes que les intérêts de l'orthodoxie ne touchent pas en personne et qui ne considèrent, dans les questions de ce genre, que les intérêts généraux de l'intelligence humaine.

La philosophie grecque et la philosophie scolastique pour autant qu'elle en est l'héritière, n'ont plus guère de valeur pour nous comme corps de doctrine. Mais elles nous ont légué d'impérissables exemples d'art logique souple, de finesse intellectuelle ailée, à l'école desquels l'esprit humain gagnera toujours à se remettre, si d'ailleurs il ne perd pas le contact des données d'expérience sur lesquelles il doit raisonner aujourd'hui. De plus, ces philosophies étaient animées d'une inspiration esthétique, qui ne paraîtra condamnable à un philosophe, que s'il tient la considération du beau pour indifférente à la connaissance du vrai. Ce philosophe aura raison quand il s'agit de la recherche des vérités expérimentales. Mais, quand il s'agit des vues que notre esprit désire naturellement se former sur l'ensemble de l'univers et sur la direction la plus générale dela vie, se peut-il que la lumière de la beauté soit aussi étrangère que cela à la lumière de la vérité ? En ce cas, il conviendrait qu'on changeât de métaphore et qu'on parlât de la pâleur de la vérité plutôt que de sa lumière. Et comment expliquer l'enthousiasme des grands poètes ? Ce ne serait qu'une manie sans portée et une agitation presque ridicule aux yeux d'une intelligence de métaphysicien averti.

Ceux qui ne souscrivent pas à cette conclusion triste et arbitraire, ceux qui ne croient pas qu'il y ait lieu, même après trois siècles de science expérimentale accumulée, de tourner à ce point le dos à Platon, envisagent avec sympathie toute influence intellectuelle susceptible de faire passer sur la philosophie moderne un certain souffle grec. La philosophie moderne, fruit d'un admirable labeur et témoignant d'un degré de franchise intellectuelle que les anciens âges ne connurent pas, est un puissant monument, assis sur le plus imposant amas de connaissances positives et d'analyses ineffaçables des réalités. Il est permis de trouver que ce monument manque de hauteur et d'élan et qu'il semble écraser la terre de son poids énorme. Il est permis à l'esprit le plus libre, et j'entends par là le plus incapable de fausser au gré de ses désirs la moindre nuance du vrai, d'avouer, sans se contredire, qu'il se sent un peu oppressé sous ses voûtes trop près du sol. Ne pourrait-on rendre un peu d'air à cette encyclopédie massive et serrée, un peu de feu et de grâce à l'honnête esprit qui l'embrasse consciencieusement ? Il doit y avoir des choses à penser, en dehors de ce qui se compte, se mesure, se constate et s'expérimente, même après que les données acquises par ces moyens ont infirmé la légitimité de beaucoup de pensées anciennes et ruiné beaucoup d'anciens dieux. Toutes les passes ne doivent pas être fermées au vol platonicien.

Ce vol sera d'ailleurs vain et tout illusoire, il tournera dans le vide des entités verbales, si l'esprit, sous prétexte de s'y mieux livrer, commence par se délester de tout le poids des acquisitions et des méthodes intellectuelles modernes, en ce qu'elles ont d'éprouvé. Un certain retour à Platon et Aristote, un certain retour à saint Thomas, c'est, pour nous, un retour à l'esprit, non à la lettre. Nous le concevons comme une création, non comme un exercice d'archaïsme. Nous le concevons comme une addition d'âme et d'esprit à la philosophie moderne, non comme un reniement général des positions de cette philosophie. La renaissance gréco-scolastique dont nous espérons du bien, n'est pas celle qui s'affirme en opposition globale avec la philosophie moderne, au lieu de chercher son accord avec ce que celle-ci a d'irrécusable. En plaçant la doctrine thomiste sous le drapeau d'un « antimodernisme » déclaré. On l'annule. On lui dénie implicitement toute puissance d'assimilation et de mouvement. On en fait un instrument de défi général contre notre époque, ce qui ne me paraît pas conforme au bon sens et au calme caractéristique de saint Thomas. Je n'aime pas beaucoup qu'on aime saint Thomas dans l'esprit de Léon Bloy et de Barbey d'Aurevilly. Condamner en bloc les positions et tendances intellectuelles de trois siècles de philosophie, déclarer en bloc qu'un siècle, ou deux siècles ou trois siècles se sont trompés, cela peut avoir sa raison au point de vue de l'éternité. Mais les hommes de grand talent à qui nous devons cette doctrine tendue, n'y sont point, grâce à Dieu, placés encore. Nous avons le bonheur de les posséder parmi nous.

Augurer avec plus de précision les possibles destins, les possibles services d'une philosophie gréco-scolastique renouvelée, serait en dehors du cadre de ce travail, où j'ai surtout voulu poser, et non résoudre des questions, les grandes questions sur lesquelles ont roulé la pensée et la vie même d'Ernest Renan.

En ce qui le concerne, Mgr d'Hulst, dans un article mémorable, publié à l'occasion de sa mort et qui rompait sensiblement avec le fanatisme habituel, a exprimé le regret qu'il n'eût pas étudié au séminaire la philosophie thomiste. Il y eût gagné bien des avantages. Et, tout d'abord, celui de connaître saint Thomas. La connaissance qu'il en a acquise pour écrire son très remarquable *Averroès* a été trop rapide et superficielle. Il le qualifie d'aride. Mais ce mot ne s'applique

qu'à l'écorce et à l'apparence. Le fond
est d'un mystique et d'un poète ; il est
fâcheux que Renan ne l'ait pas reconnu.
D'une manière générale, il se fût formé,
à pénétrer plus profondément dans la
floraison des doctrines médiévales, une
notion plus riche et plus nourrie de la
grande poésie métaphysique du catholicisme. Sa propre pensée en eût été enrichie
et y eût trouvé comme un adoucissement.
Quelle que fût sa vigueur naturelle, l'ini-
tiation méthodique à une philosophie de
plus de tenue que ce pauvre éclectisme
scolastico-cartésien aurait pu le consoli-
der sans l'alourdir. Il n'y aurait pas puisé
ce dédain pour les formes dialectiques de
la pensée, qui a été une de ses grâces,
mais aussi, je le crois, une de ses faiblesses.
Un certain impressionnisme naturel a-t-il
été pour quelque chose dans cette répul-
sion exagérée ? C'est possible. La misère
de cette philosophie de séminaire y a eu
sa grande part. C'est un fait qui n'a pas
été sans influence sur les idées de Renan,

que sa jeunesse ait rencontré la philosophie catholique au plus bas point de dé-
pression où elle soit descendue dans les
temps modernes.

Quant à croire, comme Mgr d'Hulst en
exprime l'espoir rétrospectif, que le tho-
misme l'aurait maintenu dans la foi, c'est
une tout autre question. L'hypothèse ne
préjuge rien à cet égard. On ne voit pas
à cette doctrine de vertu spéciale pour
infirmer les motifs qu'il a cru avoir de
rejeter le miracle. Or la négation du miracle est le point précis et irréductible
sur lequel il a rompu avec la foi.

CHAPITRE VII

LES FACES DU SURNATUREL

La négation du surnaturel, a écrit Renan, est l'ancre sur laquelle je n'ai jamais chassé.

Par surnaturel, il entend le miracle. Nous verrons plus loin, d'après lui-même, que les deux expressions ne sont pas exactement équivalentes. Miracle se dit d'un fait merveilleux, d'un fait dérogeant au cours ordinaire de la nature et qu'une volonté surnaturelle suscite sous les yeux de l'homme, dans le dessein de lui signifier quelque chose. C'est une question de terminologie, de savoir si le même nom de miracle doit être décerné aux prodiges suscités par Dieu, et à ceux qui ont le diable pour auteur. Car le diable

a le pouvoir de faire des prodiges terrestres, comme on le voit dans les Evangiles.
Quand il en fait, c'est assurément pour
procurer notre perte, en mettant à notre
portée le moyen de commettre des pé-
chés inouis. Mais, comme il n'en peut
faire qu'avec la permission de Dieu, ces
prodiges diaboliques sont, en définitive,
des épreuves que Dieu envoie au juste
pour exercer sa fidélité. Les théologiens,
afin d'éviter l'équivoque, conviennent, je
crois, d'appeler miracles religieux, les
faits merveilleux qui, par leur utilité
pour notre amélioration et notre salut,
attestent leur origine divine. Ainsi quand
un thaumaturge, que Dieu a délégué
parmi les peuples, pour leur enseigner
la vraie religion, leur rend sensible l'autorité surhumaine dont il est investi, en
guérissant des malades incurables. Renan
n'est pas, il est vrai, entré dans ces distinctions. Il a nié le miracle en général,
tous les miracles. Mais je devais bien préciser l'objet de la controverse.

Renan est revenu à vingt reprises, depuis sa sortie de Saint-Sulpice jusqu'à la fin de sa vie, sur cette pierre angulaire de sa philosophie. Poursuivi (ce qui honore son âme) par l'impression de l'acte grave qu'il avait accompli en rompant avec la foi de l'Eglise, il a tenu à remettre sous les yeux du public et sous ses propres yeux, la raison nette, tranchante et sans appel qui justifiait cet acte. La foi et la doctrine sont fondées sur le miracle. Il n'y a pas de miracle.

Cependant, il n'a jamais fait de démonstration en forme contre le miracle. Une telle démonstration n'eût pu être que d'ordre métaphysique. Dire qu'il n'y a jamais eu de miracles en des temps historiques ou préhistoriques, sur lesquels nous sommes entièrement dépourvus d'informations, dire qu'il n'y en aura jamais dans l'avenir, c'est beaucoup plus qu'une affirmation de fait, c'est l'affirmation intellectuelle d'une impossibilité. L'impossibilité absolue d'une chose ne

saurait résulter que de la nature des choses
en général, ou de la nature de leur auteur.
Et cette nature des choses ou de leur
auteur ne saurait être connue par voie
expérimentale, puisqu'elle déborde toute
expérience possible, mais seulement par
des données de pure raison. Ainsi certains
métaphysiciens déclarent-ils le miracle
impossible en vertu de l'immutabilité de
l'intelligence divine. L'œuvre de Dieu
est nécessairement du premier coup tout
ce qu'il a voulu qu'elle fût. Des retouches
sont inconcevables de la part de ce parfait
ouvrier. Pareillement, si l'on a des motifs
d'admettre (et ce ne peut être que des motifs
a priori) que le déterminisme mathématique le plus rigoureux est la condition
d'être de tous les phénomènes de la
nature, il ne peut pas y avoir de phénomènes miraculeux. Descartes, Malebranche n'avaient pas logiquement le droit
d'admettre le miracle. Mais ce sont là,
dis-je, des raisonnements métaphysiques.
Renan n'avait aucun goût pour les raison-

nements de cette sorte, « pliables à tout sens », prétendait-il.

Pour lui, la négation du surnaturel est une suprême vraisemblance, confirmée par toutes les données de fait dont nous disposons, sans qu'aucune se soit jamais élevée contre, et qui, par là, équivaut pratiquement à la certitude la plus décisive. Dans l'antiquité, alors que l'inexistence de la science expérimentale laissait l'esprit des hommes sans défense contre le merveilleux, les têtes fortes le repoussaient de tout l'instinct de leur bon sens et de leur raison. Aristote ne fait aucune place au miracle parmi les choses qui sont susceptibles d'arriver. Dans l'époque moderne, les succès incessants et toujours accrus du raisonnement inductif, ramenant à des lois naturelles déterminées tant de faits qui avaient passé jusque-là pour d'inexplicables prodiges et permettant souvent à l'homme de reproduire ces faits, à son bon plaisir, ont rendu la position du miracle vraiment intenable.

Une irrésistible induction, tirée de la somme de toutes ces inductions, nous autorise à admettre que tous les phénomènes qui peuvent tomber sous les sens de l'homme seront un jour physiquement expliqués, et qu'en tout cas, ils sont de nature à l'être. Dira-t-on que la science expérimentale ne doit pas tant faire la fière, et que la germination d'un grain de blé, même réduite à une série de formules chimiques où s'exprimeraient toutes ses phases, n'en constituerait pas moins un miracle ? Renan y souscrira volontiers, mais en faisant observer qu'en ce cas tout est miracle, et que, si tout est miracle, il n'y a plus de miracles. Le point sur lequel il insiste le plus, c'est que les faits allégués comme miraculeux ne soutiennent pas ce caractère au regard d'une critique historique exacte et d'une clairvoyante psychologie. Jamais un miracle n'a été constaté dans les conditions d'observation méthodique dont la science s'est fait une règle et par un cercle d'observa-

teurs froids, qui échappassent à tout soup-
çon de crédulité et de passion. Le miracle,
qui passe pour la cause de la foi, est, dirait
Renan avec Gœthe, « l'enfant chéri de
la foi ». Si Renan a opposé quelque « réfutation » au miracle, c'est celle, indirecte,
mais puissante, qui peut se tirer de la
psychologie de ceux qui y croient, de la
mise en évidence de leurs dispositions
intellectuelles anti-philosophiques. Une
tête, prête à croire à des miracles, peut
observer, dans l'examen d'autres questions, une excellente discipline. Mais,
quant à cette question, sa discipline n'est
assurément pas la même que celle d'une
tête qui, ne parlant pas elle-même légè-
rement et n'obéissant à aucun fanatisme ou
contre-fanatisme, refuse d'y croire. La
croyance au miracle répond au moins à
un point faible de la pensée, à un point
de creux et comme de déficience dans
la contexture de la pensée. Enfin, le problème du miracle présente un caractère
très singulier. C'est qu'il ne se pose véri-

tablement que depuis que les raisons de nier le miracle sont devenues le plus manifestes. Dans l'antiquité et au moyen-âge, alors que les travaux et les résultats de la science expérimentale n'avaient pas fait encore entrer dans l'esprit des hommes la notion de loi naturelle, la plupart des esprits ne se formaient pas une idée bien distincte de ce qui, parmi les apparences et phénomènes de la nature, doit être qualifié de naturel ou de surnaturel. Les dieux, les démons étaient partout. Il n'y avait pas de principe sûr pour discerner, entre les manifestations des choses, celles qui tiennent à leurs interventions cachées et celles qui tiennent au jeu spontané des choses elles-mêmes. Il a fallu que la science en vînt à nous représenter la nature comme un cycle de relations et corrélations où tout se tient (et cette notion est incluse dans celle de loi naturelle), pour que la notion du fait miraculeux prît un sens bien déterminé et que la différence de manière d'être entre le fait miraculeux et le fait non miraculeux se définît clairement. On pourrait dire que le miracle n'existe, comme miracle, que depuis qu'il est rejeté.

Cet ensemble de raisons n'a rien de nouveau. Les développements qu'il a reçus de Renan, dans un tour d'ailleurs très personnel, n'ajoutent pour le fond rien d'essentiel à ce qu'un Bayle, un Voltaire, un Auguste Comte, un Sainte-Beuve, un Taine et tant d'autres ont élevé contre les fondements miraculeux de la foi chrétienne. La question du miracle est épuisée de la part de ses négateurs. Tout est dit.

Elle ne l'est pas moins du côté de ses défenseurs. Le P. de Tonquédec, de la Compagnie de Jésus, souple et savant philosophe, profond critique littéraire, qui a écrit un livre assez récent pour prouver, non la réalité de tels et tels faits miraculeux, mais la possibilité du miracle en général, la recevabilité de l'idée du miracle, n'a pu apporter d'arguments nouveaux.

Il part de l'existence de Dieu et de l'affirmation de la Providence divine. C'est une affirmation à distinguer de celle de la bonté métaphysique de Dieu, admise par Aristote, qui rejetait l'idée de Providence, et par Leibniz à qui l'on peut, en dépit de ses formules conciliatrices, supposer la même pensée. En tant que métaphysiquement bon, Dieu a dû créer ou amener à l'être le monde le meilleur possible. Mais le monde le meilleur possible n'est pas absolument bon, puisque, s'il l'était, il ne se distinguerait pas de Dieu. Il est même un assez mauvais monde, au gré de certaines de ses parties, qui, dans le coin de l'univers qu'elles occupent, éprouvent d'une manière très désagréable pour elles, le frottement de ces lois dont l'harmonie générale est merveilleuse. J'ai des maladies que je n'ai pas méritées. J'éprouve mille malheurs et injustices qui ne sont que la conséquence du fait que j'existe. Ce sont là des effets naturels que je dois admirer comme rouages nécessaires d'une machine sublime. Ils n'en sont pas moins incommodes. J'aurais aimé être plus heureux dans un monde moins bon. Voyez *Candide !*

La Providence, c'est l'intention de bonté de Dieu, non seulement à l'égard du monde en général, mais à l'égard des créatures en particulier, et spécialement de la créature qu'il a faite à sa ressemblance, en lui donnant la raison. La Toute-Puissance divine pouvait faire que le monde fût le meilleur possible, sans exclusion du bonheur de l'homme. Cela n'était pas au-dessus d'elle, puisque rien n'est au-dessus d'elle. Et c'est ce qu'elle a fait. Mais l'homme, en tant que raisonnable, est libre. Les effets de sa liberté mal employée ont pu abaisser sa condition et gâter, en ce qui le concernait, l'œuvre de Dieu. Dès lors la bonté divine a pu vouloir, sans diminution toutefois de la liberté, qui est la noblesse de l'homme, réparer ce mal qu'elle n'avait pas causé. Et comment réaliserait-elle ce dessein réparateur, sinon par des interventions spéciales, adaptées ou proportionnées au mal qui s'est fait, contre son désir, ou à celui qui menace de se faire ? Ces interventions sont les miracles. Le P. de Tonquédec raisonne irréprochablement. La Providence rend admissible, et même vraisemblable, le miracle. Le miracle implique la Providence. La position de ceux qui croient à la Providence, et non pas au miracle, comme J.-J. Rousseau ou Jules Simon, est très faible. On ne voit ni pourquoi, la Providence reçue, ils ne veulent pas recevoir le miracle, ni de quelle manière, le miracle rejeté, ils se représentent que la Providence puisse agir pour notre bien.

Seulement, l'argumentation du P. de Tonquédec est sans prise sur les négateurs conséquents du miracle. Toute controverse suppose un point de départ commun. Ici c'est la Providence. Imaginons une intelligence qui professât la Providence divine avant d'avoir examiné les raisons de Renan contre le surnaturel. Ces raisons, qui ne sont pas prises dans la sphère des idées, mais qui résultent du contact des faits, la frappent, la gagnent, lui paraissent justes. Les faits parlent contre la réalité du miracle. Ils parlent donc contre la cause possible du miracle. S'il n'y a pas de miracles en fait, ce qui, en droit, pourrait en produire, ne doit pas exister. S'il n'arrive point dans la nature et spécialement dans le cercle d'existence de l'humanité, des phénomènes qui portent la marque d'une production surnaturelle, c'est qu'il n'y a pas d'esprit surnaturel qui s'intéresse aux événements de la nature et de l'humanité.

Jusqu'ici nous ne sommes point sortis sensiblement du terrain de Voltaire. Nous n'avons pas abordé les propres aspects sous lesquels Renan a fait envisager à ses contemporains la question du surnaturel, aspects nouveaux dans notre littérature, jusque-là toute partagée, en ce qui a trait à cette question, entre Voltaire et Bossuet.

Voltaire n'a considéré dans le problème du surnaturel miraculeux que le côté intellectuel. L'affirmation du miracle répond-elle à des faits qui se sont matériellement passés, dont on peut raisonnablement admettre qu'ils ont pu matériellement se passer ? Il n'est pas sorti de là. Persuadé que la croyance aux phénomènes miraculeux est le point vital du christianisme, qu'elle joue dans l'institution de la religion chrétienne le même rôle que ce point vital du cervelet qui ne peut être blessé sans que mort s'ensuive, c'est là qu'il a plongé sans trêve son dard brillant. Ses moqueries contre les miracles chrétiens sont étincelantes et terribles. Pourtant, elles doivent avoir, même au regard d'un esprit qui répugne à croire que de l'eau ait jamais été changée en vin, ou un mort matériellement ressuscité, quelque chose qui, à sa manière, mécontente aussi la raison. Quand une opinion n'est ni légère ni passionnée, quand elle donne l'impression d'avoir été conçue avec une attention consciencieuse à toutes les parties de la vérité, il n'y a pas de motif pour qu'elle cesse d'obtenir, sinon l'adhésion, du moins la considération des honnêtes gens. Or, un siècle après Voltaire, les sarcasmes à l'égard des miracles chrétiens et de ceux qui y croient, étaient plus que passés de mode auprès de tous les incroyants qui avaient la moindre délicatesse d'esprit. Ils causaient une antipathie générale. On ne les rencontrait plus sous aucune plume de valeur. Ils étaient devenus l'aliment d'une basse presse. Ceux qui s'y livraient faisaient figure de fanatiques ou de goujats. Ce sentiment n'était pas lui-même une mode qui en supplante une autre. Il offrait un caractère manifeste de sérieux. Il a duré. Il faut bien qu'il soit sorti d'un fond de considérations sérieuses et durables.

Ce sont ces considérations dont Renan s'inspire quand, dans ses *Etudes d'histoire religieuse*, il juge Voltaire avec un sévère dédain. Dédain outré, qui va jusqu'à dénier la valeur, souvent admirable, de l'œuvre historique de l'auteur du *Siècle de Louis XIV* et du *Siècle de Louis XV*. Retenons-en du moins l'irritation que Renan éprouve contre une façon étroite et tout agressive de comprendre les faits religieux. Il estime que Voltaire a fait œuvre utile. Il fallait, pour donner de l'air à la pensée humaine, que la croyance au miracle subît cette charge de mamelucks. Si cette croyance regagnait l'immense terrain qu'elle a perdu, il faudrait rééditer Voltaire pour la refouler. Mais, à cette besogne, « Voltaire suffit ». Le mot dit assez combien la besogne est jugée petite, et ce qu'elle supposait d'aveuglement relatif. Elle fut nécessaire. Le résultat en est obtenu. Il n'en faut point conserver l'esprit. Voilà, je crois, la signification du jugement de Renan sur Voltaire, jugement sur lequel on a tant épilogué.

Et voici le sens général de ce qu'il oppose à Voltaire. La religion est un fait immense, qui a dans l'âme humaine les racines et les adhérences les plus profondes. Le développement en est mêlé de toutes parts au développement intellectuel et moral du genre humain. La religion a plus contribué que toute autre influence à nous faire ce que nous sommes, et ce que nous sommes de meilleur. Renan irait jusqu'à diminuer à son profit la part de la politique et de l'Etat. Le fond de la religion est vrai et soustrait à la critique de la raison. Car il n'est pas dogmatisme, mais sentiment et volonté. Il est l'aspiration à l'éternel et à l'infini, la foi absolue au devoir, l'affirmation spontanée de la valeur de la vie, l'instinct du dévouement avec lequel nous devons la vivre pour réaliser le bien. Cet élan intérieur, qui a toujours fait viser l'élite humaine plus haut que les intérêts matériels et que la réalisation d'un bonheur vulgaire, est religieux. Il est l'essence de

la religion. Il est commun aux simples
et aux habiles, commun à l'homme de
pensée qui poursuit sans profit, souvent
au prix des plus rudes peines et des moins
récompensées extérieurement, la conquête
de la vérité, au héros qui recherche la
mort, fût-elle sans gloire, pour le service
de la patrie, au saint qui consume son
existence dans le soin des infirmes et
des malades, dans le relèvement d'une
humanité dégradée, à la mère qui a totalement aliéné sa vie propre et dont le
cœur ne bat plus que dans son enfant.
La religion, c'est le feu du désintéressement. C'est ce coup de folie sublime qui,
aux lointaines origines de notre espèce,
en a traversé comme un éclair les indi-
vidus les plus généreusement vivants,
cette folie de monter, d'être plus, de se
donner, de se renoncer, de se prodiguer
pour embrasser toujours plus d'être et
de réalité en son sein, pour s'épanouir,
toujours plus réceptif et plus riche, aux
rayons de ce qui existe ou de ce qui est

rêvé (qu'importe ? dès lors que l'idée a autant d'aimantation que la chose ; et la chose n'est-elle pas d'ailleurs essentiellement une idée ?) sous le nom de Dieu ? Toute aspiration par où nous nous dépassons est religieuse. Religieuse, toute négation active et passionnée du bas, de l'intéressé, du vulgaire et du médiocre.

Le christianisme est l'expression la plus haute et la plus pure de ces tendances. Mais, chez lui, comme dans les autres religions, à un bien moindre degré cependant que dans les religions anciennes, elles se sont amalgamées aux données spontanées d'une imagination encore naïve, que n'éclaire pas la raison. Ces données, ces créations imaginaires, se sont, par un mécanisme psychologique naturel, interposées entre l'idéal de nos aspirations religieuses et ces aspirations mêmes. Cet idéal a paru s'y incorporer ; mais, par là même, il y versait ses reflets épurateurs, les illuminait, les transformait, en relevait le sens. C'est un jeu naturel, de la part de l'imagination primitive, que de se représenter, comme existant sous le voile des phénomènes, un monde d'esprits ou d'agents, maîtres de modifier les phénomènes à leur gré. Ce jeu a des commencements, des points de départ misérables, sur lesquels Michel Bréal, en son admirable thèse sur le mythe de *Hercule et Cacus*, projette un jour pénétrant. Ce sont des métaphores mal interprétées, des sens figurés, pris pour des sens propres, des efforts vers l'abstraction, encore impuissants, et n'aboutissant qu'à des personnifications grossières. Les premières idées de merveilleux formées de la sorte, en ont engendré d'autres en se combinant. La très humble forme, et comme bégayante encore, d'activité intellectuelle, d'où elles étaient sorties, s'est continuée. De là, le développement de ces mythologies, aujourd'hui explorées et recensées par l'histoire, dont les inventions réfléchissent les dons et la tournure d'esprit des races ou communautés humaines

qui les ont produites. Chez les races inférieures, des rudiments mornes et amorphes, de bas fétichismes, incapables d'aucun perfectionnement. Dans l'élite de
l'humanité, de claires images où s'esquisse
une représentation ingénieuse de l'univers,
ainsi que des origines du genre humain.
Les poètes, les prophètes, les sages, que le
progrès de la civilisation fait paraître,
dégagent, précisent les traits de ce tableau ;
ils y répandent, y incorporent leurs inspirations poétiques, leurs vues morales. Ils
y versent un sens religieux. La mythologie
grecque d'Homère et d'Hésiode, cette
mythologie qui est entrée pour une si
large et brillante part, dans la substance
de nos lettres et de nos arts occidentaux,
est la fille lointaine de ces imaginations
mythiques primitives, formées avec le
langage et nées, pour ainsi dire, du jeu
même du langage ; elle est la fille plus
proche des génies, déjà affinés, qui ont
brodé sur ce premier fond. On en peut dire
autant de la mythologie juive, d'une va-

riété moindre, d'une couleur plus sombre et plus forte, d'une inspiration plus tendue, où il y a beaucoup moins de fantaisie et beaucoup plus d'applications morales.

Les progrès de la raison ont dissipé le mirage du merveilleux religieux. Par là, il s'est créé au sein de la religion une sorte de contradiction, d'antinomie. La raison, manifestation supérieure d'une vie qui s'élève, s'épanouit et étend son domaine, est elle-même un fait religieux. Ses droits sont religieux. Ils doivent être défendus. Ils veulent que soit détruite l'illusion de la réalité matérielle du merveilleux, cette illusion qui prête aux choses merveilleuses une existence susceptible d'être expérimentée ou d'être logiquement déduite. Ce qui peut blesser le plus ces droits et obliger leurs défenseurs à une certaine âpreté, pénible peut-être pour leurs sentiments, c'est quand le surnaturel, utilisant à son profit l'appareil même d'une raison avancée, conçoit la prétention d'établir sa réalité objective par des arguments rationnels et de s'attribuer des significations métaphysiques rationnellement définies. Le jet brûlant des créations surnaturelles se glace et meurt dans l'appareil d'explication dogmatique où le versent les théologiens de l'école. Les théologiens prennent des textes bibliques où s'expriment, dans un mouvement lyrique frémissant, de sublimes visions ; et ils les écrasent sous le rouleau d'un commentaire logique et scolaire qui les laisse tout aplatis. Mais, si l'intelligence supporte difficilement cela, quelles répugnances ne doivent pas lui inspirer ces médiocres esprits qui ne sentent pas le prix du merveilleux religieux, comme création et expression vivante de l'âme humaine, historiquement liée aux éléments supérieurs de sa vie et à ses plus hauts essors !

Plus que la grande ville moderne, le Celte qu'était Renan aimait le bocage breton et, dans une clairière du bocage, la vieille fontaine des fées. Il ne voulait pas qu'on la lui gâtât ; ni les théologiens,

en élevant autour d'elle, sous prétexte
de la protéger, une maçonnerie dure et
pesante qui la séparait du paysage et mettait en fuite les esprits ; ni les rationalistes
de café, en en faisant un lavoir.

Ce sont là pensées du XIXe siècle.
Contrairement à la critique du XVIIIe,
qui a considéré, avant tout, la religion
comme système intellectuel, afin de l'hu-
milier par comparaison avec le système
intellectuel de la science expérimentale
et de la philosophie rationnelle, la critique
du XIXe en a embrassé le contenu dans sa
totalité, dont les données intellectuelles
ou dogmatiques ne sont qu'une partie, et
non la plus essentielle ; car elles expriment ce qu'on croit qui est, alors que
la religion, dans son essence, exprime
ce qu'on croit et sent qui doit être et qui
mérite d'être réalisé. La critique du
XIXe siècle a reconnu dans la religion une
organisation individuelle et sociale de
toutes les forces de l'âme en vue d'un but
idéal que les progrès de la science ration-

nelle, moyen d'action aux mains de l'homme, ne sauraient atteindre ; organisation procédant d'un principe mystique, qui excède la raison et qui se confond sans doute avec ce qu'il y a de finalité immanente dans la vie. Cette organisation s'est produite sous les formes les plus variées et les plus inégales en valeur. Mais elle apparaît universellement dans l'histoire.

Ces perspectives furent ouvertes par les philosophes allemands qui acceptaient, comme Kant, les résultats négatifs de la critique voltairienne, mais dont l'instinct conservateur s'efforçait de définir et de constituer, à l'aide d'interprétations symboliques, un christianisme libéré des formules étroites, et par conséquent, des difficultés du dogme. L'école écossaise prenait, avec un conservatisme plus prononcé, une position semblable. Chez nous ensuite et dans toute l'Europe, la Révolution et les guerres napoléoniennes eurent l'effet ordinaire des grandes secousses, qui est de mettre à nu les fondements de la civilisation et, parmi eux, la religion. De là une réaction religieuse générale contre l'esprit du XVIIIe siècle, réaction qui n'a pas été, pour autant, un regain des croyances dogmatiques, et à laquelle ont coopéré les écoles les plus diverses. Ce qu'il y a de positif dans les idées de Renan sur la religion se rattache à ce mouvement. Et c'est ce qui rend surprenant le degré de haine manifesté contre lui dans certains milieux. Eût-on aimé mieux avoir toujours affaire à Voltaire et au voltairianisme ? Il faut remarquer, pour être équitable, que la bêtise de cette partie de la population qui croyait bien interpréter le succès de la *Vie de Jésus* en disant aux croyants : « Vous voyez bien que vous n'êtes que des imbéciles ! » justifiait une certaine violence et un certain aveuglement dans les représailles.

Cependant, ces considérations sur le rôle du surnaturel dans la religion auraient beau contenter un philosophe, et même confirmer en lui l'esprit religieux, en le libérant des gênes intellectuelles d'une théologie doctrinale. Elles laissent intacte une question émouvante, à laquelle Renan a beaucoup rêvé, avec le sens des réalités qui était le sien, mais aussi avec un grand va et vient de pensées et de sentiments.

Dans le peuple (entendons par là toutes les personnes qui n'ont point de part à la haute éducation intellectuelle) dans le peuple, quand il est religieux, la foi en la réalité du surnaturel, la foi à la Vierge, aux Saints et aux miracles qu'ils peuvent faire, se mêle intimement aux bons sentiments de la religion. Elle n'en est pas précisément la cause. Ce n'est point parce qu'elle croit à la Vierge, qu'une mère est vertueuse. Il faudrait plutôt dire que c'est parce qu'elle est vertueuse, qu'ayant été élevée dans cette croyance, elle la conserve et y demeure tendrement attachée. Mais cette croyance douce et belle ajoute un charme, une poésie et un sourire à sa vertu. Ces mystiques figures, qui apparaissent aux âmes simples, encadrées entre les étoiles, sont pour elles la vraie lumière de l'univers. A l'encontre des rudes et pénibles expériences de la vie réelle, elles leur en garantissent la bonté. Cette invisible présence les entretient dans la meilleure et la plus précieuse des dispositions : la confiance. L'espoir qu'elles y puisent favorise ce sentiment habituel de simplicité et d'ouverture, qui est le propre contraire de la vanité et de l'orgueil, comme de la petitesse morale, et qui se reflète dans la candeur des regards, dans l'honnêteté des visages. L'Eglise, héritière de ce qu'il y eut de plus exquis dans le florilège poétique de nos races d'Occident, a tellement enrichi cet héritage, elle a inscrit tant de délicatesses, de finesses, de charmantes subtilités dans ces idées merveilleuses, accessibles d'autre part aux intelligences les moins préparées, que la participation à ses croyances, je dis surtout aux plus imagées et aux moins métaphysiques, confère au peuple catholique un caractère de distinction et d'aristocratie dont on se rend compte, quand on le compare à des peuples élevés dans une religion plus sommaire et moins illuminée.

Que de telles croyances viennent à être brutalement chassées d'un milieu où, depuis des siècles, elles fleurissaient et consolaient ! Combien de déperditions morales ! Quels risques d'abaissement, de chute dans la vulgarité ! Quelle décoloration de la vie ! Quels dangers pour la santé des âmes ! Ne sont-elles pas bien exposées, sinon à se corrompre (et encore !) du moins à se dessécher, à perdre leur douceur, à ne plus voir le monde et la vie que d'une manière plate. La vertu personnelle pourra subsister, à cause de l'habitude héréditaire, ou par l'acceptation de principes nouveaux qui la recommandent plus froidement. Il est à craindre qu'une vertu ainsi fondée ne se ramène surtout à des préceptes négatifs, à ceux qui définissent le mal, sans faire aimer le bien, qu'elle ne soit aride, qu'elle ne manque de douceur sympathique et communicative. L'atmosphère qui enveloppait les vieilles vertus se sera appauvrie. Leurs sèves nourricières se seront desséchées. La transmission en deviendra plus dure et plus difficile. Elles ne couleront plus dans le lait maternel. Il est à craindre, dis-je, qu'elles ne gauchissent, ne se raidissent et ne perdent, dans cette tension forcée, beaucoup de leur ancienne harmonie avec la vie. Ce sont là des remarques qu'il est impossible de ne pas faire dans un pays comme le nôtre, où l'expérience du protestantisme n'a pas réussi, parce que son âme fine ne s'accommodait pas du vêtement plus rude et plus épais de cette religion. Je le dis avec le respect que j'éprouve pour la confession protestante, mère elle-même, mais mère un peu sèche, à notre sens, à nous, nés dans le catholicisme, de tant de vertus.

Renan a exprimé ces choses avec une finesse admirable. Ceux qui lui reprochent d'avoir, par ailleurs, mortellement blessé la religion chrétienne, ne pouvaient en être désarmés. Il indisposait, d'autre part, les honnêtes universitaires si ennuyeux qui se flattent de fonder la moralité populaire sur le rationalisme cartésien. Il aurait accepté que le peuple conservât ses croyances surnaturelles, s'il lui demeurait permis, à lui et à ses pairs, de penser et d'écrire librement. Il n'aurait pas demandé à être lu au village, où, au fait, il n'est aucunement exposé à être lu. Je le vois portant, de tout cœur, à une vieille femme bretonne le rameau de buis bénit que sa mère attachait au-dessus de son lit d'enfant. — Hé quoi ! me dit quelqu'un, le sourcil froncé, il acceptait donc qu'il faut « une religion pour le peuple ». — Cette maxime ne l'eût pas choqué, je crois. Mais prenez garde qu'elle a deux sens opposés. Elle est inavouable de la part des personnes riches qui trouvent dans les sentiments religieux de leurs domestiques un préservatif contre la convoitise que pourrait leur inspirer l'argenterie, s'ils professaient l'impiété. Elle est la plus humaine du monde, si elle signifie que des croyances, naïves au regard de la philosophie, mais d'un sens touchant pour le cœur, sont la forme sous laquelle le peuple accède au niveau moral des esprits les plus élevés.

Malheureusement, dans cette seconde acception, elle est chimérique. Ce que les gros ne croient plus, il n'y a pas moyen que les petits continuent long-temps de le croire. L'ambiance du moyen âge poussait puissamment les esprits aux croyances merveilleuses. L'ambiance de l'époque moderne ne les en détourne pas moins puissamment. Je parle des esprits qui ne pensent point par eux-mêmes. Pour ceux-là, la négation du surnaturel, portée par de si forts courants conver-gents, a d'autant moins de peine à les séduire, que le *non*, en toutes matières, est plus facile à dire et se dit à moins de frais que le *oui*. Dans les intelligences qui rejettent le surnaturel, comme vérité objective, sans perdre de vue les trésors de moralité et de sentiment dont il est devenu comme le dépôt dans le cours des âges, ce rejet se compense par un gain de pensée, par une ouverture acquise sur les activités créatrices de l'âme humaine. Ce n'est pas de cet enrichissement que la négation contentieuse et hostile, qui est la négation ignorante et vulgaire, se préoccupe. Les difficultés intellectuelles du surnaturel ne sont pas vraiment ce qui la provoque. Elle se réjouit de frapper en le frappant la beauté des sentiments qui s'y rattachent, de ramener à la médiocrité ou d'exciter à une fièvre orgueilleuse les âmes simples que son influence élevait et adoucissait. Renan, pendant ses vacances en Bretagne dans l'été de 1845, alors que sa rupture avec l'Eglise était décidée, parce qu'il ne pouvait plus accepter le miracle, écrivait à son ami l'abbé

Cognat, que ce qu'il rencontrait d' « antichristianisme » autour de lui avait « la couleur la plus basse et la plus dégoûtante ». Or l'antichristianisme au village, c'est le ridicule jeté sur le miracle et la dérision grossière de ceux qui y croient. Que d'ironique amertume dans le mot fameux, si peu compris, sur « Gavroche et M. Homais arrivant d'emblée avec si peu de peine au dernier mot de la philosophie ! »

Renan n'a pourtant pas, dans cette question, été inconséquent avec lui-même. Convaincu que la cause du surnaturel était condamnée et qu'elle ne ferait qu'aller de recul en recul dans l'esprit des masses populaires, il a franchement déclaré à plusieurs reprises qu'on ne pouvait pas tricher avec le problème et qu'on devait entrer dans la voie d'une éducation rationaliste du peuple. Hélas ! quels fruits augurait-il qu'on y dût recueillir ! « Il faut en venir là, écrit-il dans un endroit de l'*Avenir de la Science*.

Mais *que les laids s'en chargent !* » Il exprime l'espoir que, dans quelques siècles, l'âme paysanne, temporairement desséchée et rendue brutale par la privation de ses antiques sèves, en aura récupéré de nouvelles, que le terrain, dévasté des nobles et douces végétations que d'ailleurs l'atmosphère moderne y condamnait à dépérir, aura produit de nouvelles fleurs. Dans d'autres passages, il se montre plus optimiste. Il espère que le rationalisme de l'école produira prochainement de beaux résultats moraux, que le peuple gardera sa vieille vertu en acquérant les lumières philosophiques. Dans cette prédiction, il est sincère, comme il l'est toujours. Néanmoins, si le cœur y est, l'imagination n'y est pas. Une idée n'est vraiment une conviction que si elle n'est pas dans notre esprit une simple vérité abstraite et de raisonnement, que si nous l'imaginons réalisée, en chair et en os. Je crois que, sans injustice pour personne, Renan n'a eu une vive imagination de la bonté populaire, que liée aux croyances et aux rêves des bonnes gens qui avaient entouré son enfance. Peut-être, à la rigueur, le vieux Celte qui était en lui eût-il fait bon marché des saints et des saintes du commun calendrier chrétien. Mais, pour les saints bretons et les fées des fontaines, il n'en eût pas démordu !

Nous n'avons pas encore présenté toutes les faces de la question du surnaturel, d'après Renan, ou plutôt d'après la doctrine, très répandue dans le XIXe siècle, dont Renan a été chez nous l'interprète original.

Le miracle une fois rejeté, la réalité du surnaturel l'est-elle pour autant ? Le miracle est-il la seule forme concevable du surnaturel ? La notion de miracle et la notion de surnaturel se recouvrent-elles exactement ? On n'a pas assez remarqué la restriction dont Renan affecte l'idée de surnaturel. Il parle du « surnaturel particulier ». Le surnaturel qu'il nie est le surnaturel particulier. Il existerait donc, selon sa pensée, un surnaturel général ? Cela semble contradictoire. Ce qu'on peut appeler général, c'est ce qui appartient au cours ordinaire des choses, ce qui rentre dans le cycle normal de la nature.

Entre tous les ouvrages de Renan, la *Vie de Jésus* est celui où les considérations propres à résoudre cette contradiction apparente, tiennent la plus grande place.

La *Vie de Jésus* est un livre sur lequel on a prodigieusement écrit et qui néanmoins est très mal connu. Je n'ai jamais lu une bonne étude littéraire à son sujet, une étude où la substance en fût sincèrement et fidèlement analysée, où la doctrine et les sentiments en fussent présentés avec exactitude, où les sources inspiratrices en fussent recherchées avec la moindre attention ; attention qui aurait eu sa récompense pourtant, ces sources étant nombreuses et infiniment intéressantes. Il est vrai que l'insuffisance, l'er-

reur ou la tromperie volontaire dans la
notion que l'on donnait au public de cet
ouvrage en rendait plus facile le blâme
ou la louange ; car c'est une observation
dont la critique doit tenir grand compte
(et elle n'y manque pas généralement)
du'une trop exacte connaissance de l'objet
pont elle parle gêne beaucoup sa verve
qour en parler, surtout si cette verve est
inspirée par le parti-pris. Ce serait une
entreprise beaucoup trop longue, et d'ailleurs étrangère au cadre du présent écrit,
que de rectifier par une recension véri-
dique, les idées fausses ou mutilées que
l'on se fait d'ordinaire de la *Vie de Jésus*.
Je me permettrai, à cet égard, une seule
remarque. Il est aujourd'hui de mode,
parmi les critiques incroyants que ce
livre n'offense pas au point de vue religieux, de le traiter par-dessous la jambe.
Certain philosophe, d'un ton péremptoire
qui ne lui allait pas beaucoup, décla-
rait, sans plus, que « le livre est manqué ».
Il avait donc l'idée de ce que pourrait

être un livre « réussi » (au point de vue
rationaliste et même anticlérical qui était
le sien) sur la vie de Jésus-Christ. Que
ne l'a-t-il écrit ? D'autres prononcent
que le livre est « médiocre » et passent.
Ceux-là je ne les trouve pas médiocres.
Je les trouve étonnamment bêtes. Qu'ils
ouvrent n'importe quelle bibliographie
littéraire du XIXᵉ siècle. Ils y constate-
ront, tout au long de très nombreuses
pages ou colonnes, l'énorme amas de
littérature, vitupérative ou laudative, que
la *Vie de Jésus* suscita dans tous les
pays de l'Europe. Dire d'une œuvre qui
a produit un tel effet, qu'elle est médiocre, a la même qualité de comique
que la définition de Bonaparte légendaire-
ment attribuée au P. Loriquet : un illustre
général du roi Louis XVIII. — D'un
autre côté, prendre le ton lyrique et
s'extasier sur la beauté de la *Vie de Jésus*,
me paraît fade. Certes l'œuvre a des parties très belles. Mais l'inspiration en est
beaucoup trop complexe et puisée à des

courants trop opposés pour réaliser dans l'ensemble la véritable harmonie de beauté que Renan a atteinte ailleurs. La *Vie de Jésus* est un fait, un fait puissant, qu'on peut aimer, qu'on peut maudire, sur lequel on peut avoir un sentiment mitigé. C'est de là qu'il faut partir pour l'étudier et la commenter sérieusement.

Je reviens à cette notion d'un surnaturel non « particulier » qui y apparaît. Renan, voulant donner une idée générale du phénomène moral que fut le surgissement de la foi chrétienne et sa diffusion à travers le monde, trouve un terme de comparaison dans les périodes de formation cosmique ou géologique. Des éruptions, des explosions prodigieuses de fabuleux torrents de forces précipitées, dont rien ne nous fournit plus l'image, dans l'état actuel de la nature, se déchaînèrent alors, projetant les mondes dans l'espace, soulevant les masses des montagnes, creusant l'abîme des mers. Puis tout se tassa, s'équilibra ; les actions du monde physique se contrebalancèrent les unes les autres. C'est ainsi que leurs manifestations prirent le cours régulier, paisible et habituel que nous leur voyons. Cependant ces phénomènes colossaux, d'où tout est sorti, avaient eu lieu conformément aux lois universelles et inviolables de la mécanique et de la physique qui fonctionnent encore sous nos regards.

L'apparition et le développement du christianisme ont été, dans le monde moral un fait de même sorte. Une crise a éclaté dans laquelle des forces psychiques d'une puissance inouïe ont soulevé l'humanité et changé sa disposition. Elles ont bouleversé tout son ancien ordre spirituel. Et quand elles sont retombées, ayant fait leur œuvre, l'humanité avait pris une forme d'âme nouvelle ; elle s'était engagée dans la route d'un destin nouveau. Ce qu'elle a été depuis est commandé par cet événement générateur, qui apparaît dès lors comme le sommet de son histoire. La personnalité de Jésus, point de concentration et foyer d'irradiation de ces forces subversives et créatrices dépasse le niveau du genre humain. Un idéal moral s'incarne en elle, qui a tout élevé et au-dessus duquel rien jamais ne s'élèvera. Il n'est pas descendu du ciel sur la terre comme un être qui tomberait dans un milieu de nature tout à fait hétérogène à la sienne et sur lequel son action serait peu intelligible. Il émane des profondeurs cachées que l'humanité porte en elle et qui la mettent en contact avec le divin.

Le christianisme est donc surnaturel au sens le plus strict du mot qui signifie, non pas étranger à la nature, mais au-dessus de la nature. Dire que Renan « nie la divinité de Jésus-Christ » est vrai, au sens d'une certaine métaphysique. Mais il y a une autre métaphysique, qui exclut le miracle particulier, sans limiter étroitement les possibilités internes de la nature, et au regard de laquelle l'exactitude de cette formule, qu'il s'est bien

gardé d'employer lui-même, est très con-
testable. C'est à cette métaphysique qu'il
faut s'en prendre quand on veut atta-
quer, que ce soit au point de vue de
l'orthodoxie ou au point de vue de Voltaire, la *Vie de Jésus*.

CHAPITRE VIII

THÉOLOGIE ET PHILOLOGIE

Bossuet, dans sa polémique contre Richard Simon, tourne en ridicule ceux qui veulent que, pour bien comprendre et interpréter sûrement la Bible, il faille savoir l'hébreu. Cette dérision irrite Renan ! C'est Richard Simon qui est dans le vrai ! La Bible est traduite en latin, mot à mot. Mais ce n'est pas plus du latin que de l'hébreu. Beaucoup de termes hébraïques, rendus par les termes latins dont le sens se rapproche le plus du leur, y perdent ou y gagnent des éléments de signification qu'ils ont ou n'ont pas en hébreu. Le fond d'idées qui a son expression dans l'une des deux langues est bien loin de coïncider avec le fond d'idées qui a son expression dans l'autre, comme un triangle coïncide avec un triangle. Les idées des objets matériels sont nécessairement les mêmes des deux parts. Celles qui ont rapport à des réalités immatérielles, à des choses psychologiques, morales, métaphysiques, n'ont pas exactement le même contenu, des deux côtés. Les deux cartes du monde métaphysique et moral, respectivement tracées dans les deux vocabulaires, ne se superposent qu'approximativement ; aucune région n'y a ni tout à fait les mêmes contours, ni tout à fait les mêmes couleurs. Ce que nous appelons en français *Dieu*, *âme*, *vie*, *liberté*, *esprit*, *sensation*, *liberté*, *devoir*, et cent autres abstractions de même sorte, ne peut se rendre en aucun langage qu'au moyen de figures et de métaphores. L'esprit humain est incapable de penser l'abstraction pure. L'idée abstraite ne peut se passer de ce corps ou de ce noyau sensible et matériel. Elle est une image, que l'activité agile de l'intelligence dématérialise, affine, allège, dépouille, désindividualise le plus possible, pour en faire un vêtement élastique et diaphane, susceptible de recouvrir mille objets individuels, divers et semblables tout à la fois, en d'autres termes, pour en rendre généralisable l'application. Il est certain que le choix de l'image enveloppée dans l'idée abstraite affecte le sens de celle-ci. Le principe de la vie et de la pensée se dit *souffle* dans la langue latine, *sang* dans les langues sémitiques. *Disposition* (au sens de disposition morale) se dit, en allemand, *stimmung*, qui signifie, à peu près, ton dans lequel une voix chante ou un instrument est accordé. Sous cette métaphore géométrique et sous cette métaphore musicale, cette réalité intérieure et invisible ne peut être pensée identiquement. De ce genre de différences découlent les différences de propriétés poétiques et philosophiques des langues. Le latin, qui a un grand pouvoir d'abstraction et de généralisation, est caractérisé par la rigueur et la souplesse de l'enchaînement logique dans le discours. L'hébreu, qui n'a ce pouvoir qu'à un très faible degré, procède par idées simples et va de l'une à l'autre, non par la voie continue et progressive de l'analyse, mais par bonds intuitifs. Le latin qui traduit littéralement l'hébreu est un squelette de latin.

Ce qui indispose les esprits critiques à la Richard Simon et à la Renan contre les esprits dogmatiques à la Bossuet, c'est la prétention qu'ont ceux-ci de trouver dans des textes hébraïques, ou dans des textes grecs, très peu grecs d'esprit et de tournure, et réellement pensés en hébreu ou en araméen, la substance des dogmes du catholicisme. Elle ne s'y trouve tout au plus qu'en figures et allégories, susceptibles par elles-mêmes de bien des interprétations. Il a fallu qu'un travail d'interprétation l'y introduisît après coup. Les dogmes énoncent des relations rationnelles entre des objets représentés à notre esprit par de pures notions métaphysiques. Les notions hébraïques des objets suprêmes de la religion ont trop de chair, pour ainsi dire, et sont trop chargées d'imagination, pour pouvoir être appelées métaphysiques, au sens grec et occidental du mot. Un travail très accentué d'élaboration spiritualisatrice et théologique est intervenu pour leur conférer ce caractère. Ce même travail s'est appliqué aux rapports que les prophètes d'Israël établissent entre les objets célestes par vision morale et invention lyrique ou mythique ; il a, autant que possible, ramené ces rapports à la forme « intelligible » et logique.

A la vérité, la critique des dogmes est, chez Renan, toute négative. Ils l'ont trop peu intéressé par eux-mêmes, pour qu'il se préoccupât des bases positives de leur formation. Il semble que ces bases lui aient échappé et qu'il se soit représenté la filiation des dogmes à la manière même de Bossuet, qui croit que les formules en ont été directement extraites par les Pères et par les Conciles, des textes bibliques qui les auraient contenues implicitement. Pour Renan, cette filiation est illégitime, parce que cette extraction est forcée, et cette traduction, une création nouvelle. Mais, pas plus que Bossuet, il ne prête guère attention, quand il s'agit d'expliquer la genèse du dogme, au fait qui s'interpose entre la Bible et le dogme ; je veux dire l'avènement du mysticisme évangélique, l'apparition de la foi chrétienne autour de Jésus. Les dogmes sont l'énoncé affirmatif de ce que cette foi impliquait dans l'ordre métaphysique, de ce qui devait être métaphysiquement vrai, aux yeux des Grecs et des Latins, pour qu'elle fût vraie. Ils répondent, si j'ose ainsi dire, à ses impérieuses pétitions. Le raisonnement des Pères a été que, cette foi, étant de source divine et les textes bibliques l'étant aussi, les vérités dogmatiques ressortant de la foi devaient se retrouver dans ces textes.

Comme la foi était née dans un milieu juif et en continuité avec les traditions juives, ce raisonnement pouvait invoquer en sa faveur bien des faits, et le dogme trouver dans la Bible bien des éléments apparents de soutien. Néanmoins, quand on compare la substance des dogmes à ce que les théologiens appellent leurs « fondements scripturaires », on est étonné de la disproportion de ces fondements avec ce qui a été construit dessus.

Quoi qu'il en soit de ce point particulier, nous avons là le genre de considérations qui occupait l'esprit d'Ernest Renan, quand, se débattant entre l'incrédulité et la foi, il aborda l'étude de l'hébreu. Ces considérations furent la porte par où il entra dans le grand champ de la philologie moderne. Ce champ, il allait quelques années plus tard en parcourir l'ensemble, dans son livre l'*Avenir de la Science*, qui, en dépit de sa part d'immaturité juvénile et de confusion dans les idées, demeure

un des grands livres du XIXe siècle, parce
qu'il est le premier qui expose dans toute
son étendue, le changement apporté dans
l'esprit humain par le développement des
sciences philologiques.

La philologie est aussi ancienne que la
littérature. Mais elle a pris au XIXe siècle
une importance que les plus clairvoyantes
intelligences du passé avaient pu pressentir
par les seules lumières d'une bonne philosophie naturelle et que d'irrécusables
raisons de fait ont alors rendue manifeste
au regard de tous. La connaissance des
littératures s'est considérablement étendue. Nous avons découvert la philosophie
et la poésie indoues, dont le XVIIIe siècle
n'avait à peu près aucune idée, et l'ancienne Egypte, qu'il ne connaissait pas
davantage. La littérature allemande s'est
levée sur l'horizon. De la littérature an-
glaise nos pères ne connaissaient que ce
que leur en avaient recommandé Voltaire
et les Encyclopédistes, c'est-à-dire Locke,
Hume et un peu de Shakespeare. Elle a

été entièrement explorée. La curiosité romantique a exhumé la littérature du moyen-âge, littérature d'*oïl* et littérature d'*oc*, de la poussière où le dédain de notre âge classique la laissait ensevelie. Sous l'influence de la critique indépendante, l'étude des livres juifs a cessé d'être une étude théologique pour devenir une étude historique et littéraire comme celle d'Homère et d'Hésiode.

La mise à découvert et en exploitation de toutes ces terres nouvelles, auxquelles on en pourrait ajouter bien d'autres, a eu ce résultat de donner aux hommes du XIXe siècle une beaucoup plus grande idée des variétés de l'esprit humain que celle que le XVIIe siècle pouvait se former. Il s'en est suivi un profond changement d'esprit dans l'étude et l'interprétation de ce qu'on connaissait déjà. On a conçu que, pour se rendre compte des idées, des mœurs, des sentiments exprimés dans une littérature éloignée de nous dans le temps ou l'espace, il ne fallait pas les rapporter à nos idées, à nos sentiments, à nos mœurs, mais essayer de les pénétrer en eux-mêmes, tels qu'ils étaient et devaient être dans le milieu qui les a vus fleurir, dans l'économie propre des esprits et des âmes dont ils ont été les produits vivants. Ainsi on a renoncé à chercher dans la philosophie d'Aristote la réponse à toutes les questions de Descartes, et réciproquement, parce qu'il est apparu que les questions de l'un n'étaient pas tout à fait celles de l'autre et qu'elles relevaient respectivement, pour une certaine part, de deux visions intuitives de l'univers qui ne sont pas convertibles. A plus forte raison a-t-on renoncé à distribuer l'analyse de toutes les doctrines philosophiques diverses dans les cadres d'un questionnaire philosophique abstrait et universel, qui serait l'expression de la raison absolue et planerait, comme tel, au-dessus de toutes les différences de temps, de lieux, de peuples, de races et de cultures. Dans le dictionnaire de

Moréri, les dogmes de l'islamisme sont expliqués comme s'ils étaient les idées qu'un Français, de tête bizarre, se serait formées au moyen de réflexions dirigées par une logique anormale et issues des points de départ les plus singulièrement choisis. On se demande comment des millions et des millions d'êtres humains, de nombreux peuples ont pu vivre moralement de ces absurdités apparentes et y trouver leur règle, leur source de force. Une critique moderne, plus éclairée, aperçoit que ces absurdités ne sont telles qu'à Paris, mais non pas à Stamboul. Elle réfère ces conceptions aux conditions d'existence, au niveau d'intelligence, à la position historique, au caractère et au tour d'imagination de certaines portions de l'humanité. De ce point de vue, elles lui apparaissent fort naturelles et conséquentes, encore qu'illogiques. Je n'insiste pas davantage sur les applications infinies de cette philosophie de relativisme historique, qui a été pour l'intelligence humaine un gain admirable en étendue, en souplesse. Renan a plus contribué que personne à la mettre en circulation dans la littérature générale et à la faire entrer par là dans les communes habitudes de la pensée cultivée.

Mais je pose la question très grave que le succès même de cette philosophie suscite et qui semble bien de nature à mettre une épaisse sourdine à l'admiration qu'elle pourrait nous inspirer. Est-ce que ce gain en étendue et en souplesse n'a pas pour contre-partie ruineuse une déperdition en force et en énergie ? Si le principe de la relativité des conceptions humaines est admis, est-ce que la naturelle aspiration de notre raison et de notre cœur à des vérités universelles n'en est pas démontrée illusoire ? Né naît-il point de là un sentiment décourageant ? Les travaux intellectuels, les constructions spéculatives, les créations de l'art demandent toute l'énergie de l'âme. Elles demandent la foi. Comment s'appliquer avec foi à des tâches, si élevées soient-elles, dont nous savons d'avance que le résultat n'aura qu'une valeur toute relative et locale et que nous savons surtout n'accomplir qu'avec des œillères résultant de la situation accidentelle qui se trouve être la nôtre dans le temps et dans l'humanité ? L'élévation de l'intelligence aux perspectives de la « haute critique » n'est-elle pas nécessairement sa chute dans l'inactivité, l'impuissance et l'abandon ? La connaissance des ressorts dont tout est fait ne nous enseigne-t-elle pas qu'il n'y a rien qui vaille la peine d'être fait ? L'étude des problèmes qui relèvent de l'expérience physique et de ceux qui ont trait au bien-être matériel n'est pas atteinte par ce doute mortel : car l'expérience physique et matérielle prononce universellement ; elle est sous toutes les latitudes ce qu'elle est ; elle n'est pas affectée par la constitution et les modalités relatives de notre esprit. Mais l'humanité ne vit pas seulement de vérités de physique et de commodités matérielles. Le nécessaire assuré, ces commodités sont peut-être, en dépit des illusions qu'elle se fait à cet égard, ce dont elle a le moins besoin pour goûter la vie. Il y a la religion, le droit, la poésie et l'art, qui sont son vrai pain, sa nourriture sacrée. Est-ce que cette nourriture est fallacieuse ? Est-ce que, dans ces domaines, il n'y aurait jamais eu et il ne pourra y avoir jamais que du relatif ?

Renan a fait à cette question émouvante deux réponses ; une réponse par l'idée et une réponse par le fait. La première est trouble et confuse. La seconde a la clarté et le rayonnement de son génie même. Elles ne se contredisent pas. La seconde débrouille et élucide la première, qui en avait grand besoin. Elle l'épure.

Cette première réponse théorique s'étale dans l'*Avenir de la Science*. Elle enveloppe comme un nuage la partie claire et excellente du livre, qui est, encore une fois, le constat des conquêtes de la philologie et de la grande part qu'elle doit avoir désormais à toutes nos connaissances historiques et littéraires solides. Renan parle ici comme un jeune philologue, tout enivré de sa science fraîchement acquise, et qui trouve en elle un prodigieux excitant de l'imagination. L'immensité des horizons psychologiques qu'elle lui ouvre le ravit. A les contempler, il se sent comme un dieu. Il lui semble jouir d'une multiplicité de vies étrangères, affluant dans une vie centrale, qui est la sienne, et l'enrichissant indéfiniment de leurs flots. Ce que les nations et les races diverses ont pensé, senti, imaginé, rêvé, il le pense, le sent, l'imagine, le rêve. Il identifie son âme à leur âme. Mais, en même temps, il domine leur âme, puisqu'il voit plus loin et plus profond qu'elles-mêmes dans ce qu'elles ont cru et conçu. Il en sait le pourquoi. Il en pénètre le mécanisme subtil. Ce qu'elles ont été, ce qu'elles ont vécu, il l'est et le vit lui-même par l'intel-

ligence des livres qui en portent le témoi-
gnage. Mais ce qui a été, de leur part,
tout instinctif et spontané, il le raisonne,
il l'explique, il en voit les rapports et
dépendances, il le situe. Ainsi l'humanité
prend-elle « conscience d'elle-même » dans
la science qui recueille, pour les analyser,
toutes ses créations spirituelles jaillis-
santes. Par là elle se dépasse, elle s'élève
à un niveau supérieur. Les innombrables
fumées émanées, au cours des âges, de
son imagination aveuglément créatrice,
et qui, condensées au-dessus de sa tête,
formaient à ses regards comme la voûte
du ciel, s'éclairent aux rayons de la critique et deviennent lumière. Que l'exploration critique et philologique des produc-
tions de l'esprit humain en ses états les
plus variés, se poursuive ; qu'elle arrive
à son terme ; qu'elle finisse par avoir tout
embrassé. Alors on pourra dire que l'humanité a pris totalement conscience d'elle-
même. Cette totalité de conscience, cette
omniscience ce sera Dieu. Voilà comme

il faut entendre la formule renanienne,
que la science organise Dieu.

Cette vision apocalyptique nous intéresse au moins comme manifestation d'enthousiasme. La jouissance intellectuelle
trouvée par Renan à l'étude de l'histoire
dans toutes ses applications fait qu'il ne
voit qu'elle et la divinise. Si cependant
nous essayons de ramener à un sens clair
ce fol et juvénile hyperbolisme, où se
sentent les souffles conjugués du mysticisme panthéistique allemand, des idées
des Encyclopédistes sur la perfectibilité
indéfinie, de l'idéalisme optimiste de la
Révolution de 1848, nous ne pouvons
l'entendre que comme la célébration trop
tumultueuse et démesurée d'un gain,
d'un progrès réel et pratique : je veux dire
le perfectionnement de discipline apporté
à l'intelligence humaine dans son exercice
actuel par le développement et l'affine-
ment de ses notions historiques en tous
les genres. De ce perfectionnement, Renan
n'a pas fait précisément la théorie. Mais

il en a fourni la vivante preuve en des travaux critiques dont la souplesse et la fine richesse de pensée séduisirent tout de suite, comme quelque chose de nouveau, l'élite de ses contemporains.

Toutes nos idées ont une histoire. Les plus générales surtout, celles qui sont comme le matériel commun avec lequel tous les esprits pensent. Cette histoire se confond avec celle du mot qui les exprime et qui est venu à notre langue, d'une autre langue, à celle-ci, d'une troisième, se chargeant, dans cette circulation séculaire, d'une foule de nuances de sens dont certaines sont en lui comme l'empreinte des âges et des civilisations les plus éloignées. C'est un héritage de provenance complexe que nous avons reçu. On le comparerait justement à l'héritage d'une fortune formée par toutes sortes de biens et par des acquisitions de toutes époques et de toutes sources. Pour se rendre compte de la part de légitimité et d'illégitimité d'une fortune ainsi venue,

pour concevoir la bonne manière d'en
administrer et d'en faire fructifier tous
les éléments, il ne sera pas maüvais, il sera
même nécessaire d'en recenser, comme
dans les actes notariaux, les origines mul-
tiples et les développements successifs.
Ainsi pour nos idées. Notre esprit a un
puissant penchant à les recevoir, telles
quelles, comme des instruments intégralement valables pour la recherche de la
vérité et l'édification du raisonnement.
Ces instruments demandent une vérifica-
tion perpétuelle. Ils peuvent avoir des
parties caduques, construites primitive-
ment avec de mauvais matériaux, parce
qu'on n'en avait pas de meilleurs ou bien
dont les matériaux ont vieilli. Ils peuvent
demander l'addition de nouveaux organes
adaptés à l'emploi plus pénétrant et
plus fin, que le succès même de leurs
applications antérieures, plus grosses, si
j'ose dire, plus élémentaires, plus som-
maires, nous permet de leur donner à
présent. Or, c'est la connaissance critique

de l'histoire des idées, de tout le passé dont elles sont pleines qui nous instruira de ces nécessaires distinctions.

Renan remarque, en quelque endroit, ce qu'il y a de lourdeur, d'indélicatesse intellectuelle pesante et choquante dans les preuves cartésiennes de l'existence de Dieu. Descartes veut élever notre pensée jusqu'au plus haut du ciel métaphysique à l'aide d'un échafaudage de grosses poutres mal équarries. S'il eût mis à vérifier les concepts abstraits dont il se servait dans ces argumentations massives et inefficaces, le même soin dont il usait dans l'établissement de ses concepts de mathématique et de physique, il les aurait certainement rejetés. Toutes ses preuves sont étayées sur l'idée de la Perfection, de l'Etre parfait, qu'elles présupposent représenter quelque chose de clairement pensable à toutes les intelligences, quelque position que celles-ci puissent prendre sur la propre question de l'existence ou de la non-existence de l'Etre parfait. Cependant, cette idée, il l'a presque passivement reçue du langage théologique traditionnel qui lui faisait une place d'honneur sans réellement la définir. Les théologiens prétendaient la définir logiquement, c'est-à-dire comme un composé de représentations claires, cohérentes entre elles et formant un tout intelligible. Mais voilà qui ne se peut. Ou bien on tombe dans une tautologie : l'être parfait, c'est l'être parfait. Ou bien on pose devant l'intelligence un objet idéal qui n'est parfait que par convention verbale et qu'on pourrait aussi bien appeler le plus riche en attributs parmi les êtres imparfaits concevables. A la vérité, l'histoire seule nous tire d'affaire. La traditionnelle notion du Parfait est un tout fort hétérogène où les idées grecques, les idées alexandrines et les propres idées chrétiennes sur ce qui est divin, se sont composées ensemble comme elles ont pu, sans surveillance sérieuse de l'esprit philosophique. Pour les Grecs, le parfait, c'est le souverainement beau et le

souverainement bon ; mais il est « fini », car
l' « infini », pour les Grecs, c'est l'amorphe
et le chaos. Les Alexandrins veulent que
le Parfait soit bonté et beauté souveraines,
mais en étant infini. Les chrétiens ont la
même conception. Et ils mettent l'accent
sur le caractère de Providence de l'humanité, inhérent à l'Etre parfait, alors que
pour les Grecs, précisément parce qu'il
est parfait, il ne saurait être Providence
et se préoccuper des pauvres affaires
de l'homme imparfait. La nécessité
d'un triage critique est évidente. Il
faut bien savoir ce qu'on dit, quand on
dit Etre parfait, et sur quoi on raisonne,
quand on tire de l'idée de perfection
des conséquences qu'on ne voudrait pas
creuses.

Un tel triage aboutira-t-il à la dissolution, à l'évanouissement pur et simple de
la notion historique sur laquelle il s'opé-
rera ? C'est bien peu à présumer. Cette
notion du Parfait, l'esprit humain, tout
au long des siècles de la métaphysique

grecque et de la théologie chrétienne, s'y est attaché jalousement. Quelque chose donc, en dépit de toutes les difficultés logiques qu'elle enveloppe, la recommandait. Cette cause permanente et comme invincible de son crédit semble ne pouvoir consister que dans une demande de l'âme, demande qui n'a rien d'accidentel et que l'âme n'est pas libre de former ou de ne point former, mais qui est comme une manifestation de sa vie même et qu'on ne saurait étouffer en elle sans porter atteinte à sa vie. Ne se peut-il donc concevoir qu'à cette demande, une philosophie tamisée et affinée par les vues de la critique historique, vînt à proposer des voies de satisfaction, à l'abri des censures de la raison et des scrupules de la philologie ? Ne se peut-il concevoir que la philologie du concept de Dieu, ruineuse à coup sûr pour l'appareil démonstratif de la théologie, ne le soit point pour le sentiment qui a tant fait estimer la théologie à nos pères, pour cet élan,

supérieur à la raison, mais sans contradiction possible avec elle, qui exalte l'âme
vers le meilleur et la rend insatiable de
biens spirituels ?

Voilà des horizons que Renan nous
ouvre. On l'accuse de ruiner la métaphysique et la religion. Mais la question doit
se décomposer, semble-t-il ? La critique
renanienne tend-elle à affaiblir, à décou-
rager les aspirations immanentes de l'âme
humaine au progrès ? au progrès entendu
comme la réalisation d'une somme toujours plus grande de pensée et de connaissance, de sentiment et de bonté, dans l'âme
elle-même tout d'abord, puis, autant que
possible, dans la vie et les institutions de
l'humanité ? Ou bien cette critique ne
porte-t-elle que sur certains dogmes métaphysiques invinciblement rejetés par
beaucoup d'intelligences modernes, qui se
refusent à trouver en eux la caution
nécessaire de la valeur de ces aspirations ? Dans la seconde hypothèse, on

admettra que cette valeur s'atteste assez d'elle-même et a quelque chose d'absolu. La critique de Renan ne ferait donc de ruines que dans un domaine tout spéculatif et serait sans répercussion destructive sur la vitalité morale des esprits qu'elle a pu persuader. Mais il est possible aussi que les deux hypothèses ne forment pas précisément une alternative et qu'il y aît du vrai dans toutes les deux, que Renan ait affaibli d'une part, libéré d'une autre part les énergies spirituelles qui sont le principe et la substance intérieure de la religion. Complexité d'inspiration et d'influence que l'on peut expliquer soit par la pluralité des hommes qu'il portait en lui, soit par le fait que son âme aurait plus ou moins été opprimée et refroidie dans ses mouvements ascensionnels, par le ressentiment des pénibles difficultés qu'il avait eues à réaliser sa propre libération et des inimitiés que cette libération lui avait values. Une histoire très suivie et très nuancée de la pensée, de la vie, de l'œuvre et de la personnalité de Renan pourra seule résoudre ces délicats problèmes que je ne veux ici que poser.

CHAPITRE IX

LE MESSIE GERMANIQUE

Veuillez, cher lecteur, faire avec moi le rapprochement de textes qui suit. Je le crois fort instructif.

Le 24 août 1845, Ernest Renan, décidé à quitter l'Eglise, projet qu'il accomplira six semaines plus tard, écrit à son condisciple et ami très cher, l'abbé Cognat, une longue lettre où il lui confesse la perte définitive de ses croyances et le douloureux trouble qu'il en éprouve. Mais il lui parle aussi de certain grand soutien qui lui a été ménagé en cette épreuve et sur lequel il s'explique en ces termes.

« Dieu, pour me soutenir, m'avait ré-
« servé pour ce moment un vrai événe-

« ment intellectuel et moral. J'ai étudié
« l'Allemagne et j'ai cru entrer dans un
« temple. Tout ce que j'y ai trouvé est
« pur, élevé, moral, beau et touchant.
« O mon âme, oui, c'est un trésor, c'est
« la continuation de Jésus-Christ. Leur
« morale me transporte. Ah ! qu'ils sont
« doux et forts ! Je crois que le Christ
« nous viendra de là. Je considère cette
« apparition d'un nouvel esprit comme
« un fait analogue à la naissance du chris-
« tianisme, sauf la différence de forme.
« Mais ceci importe peu ; car il est sûr
« que, quand le fait rénovateur du monde
« viendra, il ne ressemblera pas pour le
« mode de son accomplissement à celui
« qui a déjà eu lieu.......... Oui, cette
« Allemagne me sourit, moins dans sa
« partie scientifique que dans son esprit
« moral. La morale de Kant est bien supé-
« rieure à toute sa logique ou philosophie
« intellectuelle, et nos Français n'en ont
« pas dit un mot. Cela se comprend ; nos
« hommes du jour n'ont pas de sens moral.

« La France me paraît de plus en plus un
« pays voué à la nullité pour le grand
« œuvre du renouvellement de la vie dans
« l'humanité. On n'y trouve qu'une ortho-
« doxie sèche, anticritique, roide, infé-
« conde, petite : type Saint-Sulpice ; ou
« bien un niais creux et superficiel, plein
« d'affectation et d'exagération : le néo-
« catholicisme ; ou bien enfin une philo-
« sophie sèche et sans cœur, revêche et
« méprisante : l'Université et son esprit.
« Jésus-Christ n'est nulle part. J'ai été
« tenté de croire qu'il nous viendrait de
« l'Allemagne ; non que j'imagine que
« ce soit un individu, ce sera un esprit ;
« et quand nous disons Jésus-Christ, nous
« entendons sans doute désigner un cer-
« tain esprit plutôt qu'un individu : c'est
« l'Evangile [1]..... »

Les *Souvenirs d'enfance et de jeunesse*,
la *Lettre à Strauss* (1871) confirment cette
explosion de juvénile ferveur. Les *Cahiers*

1. Lettre publiée en appendice aux *Souvenirs*.

14

de jeunesse sont semés d'exclamations admiratives en l'honneur de Herder, Gœthe, Kant.

Or, dans la partie des *Cahiers de jeunesse* rédigée en 1846, voici la note que je trouve et dont il m'apparaît, si je la confronte à la confidence d'enthousiasme qu'on vient de lire, que toutes les expressions méritent d'être méditées.

« L'important n'est pas de glaner çà et
« là des idées particulières, mais de saisir
« un *esprit*, qui renferme tout implicite
« ment. *Je n'ai lu que quelques lignes des*
« *Allemands et je sais leurs théories comme*
« *si j'avais lu vingt volumes, car je me*
« *mets à leur point de vue.* Quelques mots
« que j'ai dits à M. Cognat lui ont fait
« deviner mon esprit, et il juge de tout
« comme moi, comme si je lui avais dit
« mon jugement sur tout. Or, un esprit,
« quand on est fait pour lui, se devine à
« un mot, et tout vient à la suite. *Moi,*
« *pour les Allemands, que je ne connaissais*
« *presque que par Madame de Staël, et*

« *j'induisais toutes leurs théories. Quelqu'un*
« *qui m'eût entendu parler, eût cru que*
« *j'avais lu cinquante volumes de critiques*
« *allemands.* »

Je me demande si le jeune homme qui
écrivait cette note s'est aperçu du terrible
croc-en-jambe qu'il infligeait à ses dieux.
Quoi ! ces Allemands sont divins ou
quasi ! Leur pensée est un incomparable
trésor ! Elle apporte au genre humain un
renouvellement religieux, quelque chose
d'aussi important que le christianisme !
Et il suffit d'avoir lu « quelques lignes »
d'eux pour les connaître aussi bien et en
parler aussi pertinemment que si l'on
avait passé des années à les approfondir !
Mais quel est le grand esprit non allemand avec qui Renan oserait en prendre
aussi à son aise ? Est-ce Aristote ? Est-ce
Descartes ? Est-ce Newton ? Est-ce
même Voltaire ? Se croirait-il, sur le vu
de « quelques lignes » au courant de ce
qu'ils contiennent ? Se flatterait-il, après
cette inspection à la course, de les pouvoir

résumer et commenter sans crainte d'erreurs et d'énormes erreurs ? Il n'est pas
si fou. On traduirait sa note de la façon
suivante : « Toute cette philosophie méta-
« physique et religieuse des Allemands est
« un verbiage qui se répète et dont il
« suffit d'avoir connu un petit échantillon
« pour être renseigné sur tout le reste » ;
il semble qu'on n'en trahirait pas le sens
réel.

Dans les années qui ont suivi cet aveu,
non moins significatif qu'indiscret, Renan
paraît avoir lu assez longuement Herder
(je mets Gœthe à part, qui est une lecture
poétique et littéraire et ne peut passer
pour un rénovateur religieux). Il a lu les
Allemands linguistes, exégètes, historiens,
qu'il pouvait avoir besoin de lire pour ses
études spéciales. Quant aux métaphysiciens et philosophes religieux, comme
Kant, Fichte, Schelling, Schleiermacher,
Hegel, qui sont pourtant par le genre
même de leurs idées et de leurs travaux,
les objets de la fabuleuse admiration

exprimée à M. Cognat, il ne s'en est jamais donné, de première main, que la plus légère teinture. On le regrette, en ce qui concerne Kant, qui a, quoi qu'il en dise, dans sa « philosophie intellectuelle », des parties fortes dont il eût tiré profit. On ne saurait concevoir le même regret en ce qui est des autres, quand on a pris soi-même la dure peine de les parcourir studieusement et de les scruter. Tout ce qu'il en a su de substantiel paraît emprunté à l'*Introduction* et à la *Dissertation finale* de la *Vie de Jésus* de Strauss, qui en résument les doctrines et sont, il est vrai, deux morceaux très pleins. Mais, quelle qu'aît été l'étendue de ces lectures générales, elles n'étaient pas faites encore dans le temps où il s'exaltait, comme nous l'avons vu, au sujet du nouveau Messie germanique. Il l'annonçait donc et le chantait de confiance. Autant dire qu'il célébrait, pour une bonne part, dans l'Allemagne métaphysique et religieuse une création de sa propre imagination ;

ou bien qu'il devinait, pressentait entre les pensées de cette Allemagne et ses pensées propres une sorte d'harmonie préétablie qui le dispensait de les chercher, au prix d'une peine inutile, chez les Allemands eux-mêmes. Puisqu'elles étaient sensiblement pareilles de part et d'autre, autant les lire au livre coloré et diaphane de son propre esprit que dans les indigestes volumes où les avaient diffusées, avec d'interminables longueurs, ces écrivains plutôt accablants.

Cette interprétation ressemble assez à la vérité. Mais on peut donner à la vérité sur cette question un tour plus précis, d'où ressortira ce qu'elle a de sérieux.

Renan n'a tant loué la pensée allemande que parce qu'il en a regardé les intentions, sans en considérer les résultats. Les intentions, qui étaient, pour une grande part, justes et fondées, ont recouvert, à ses yeux prévenus, des résultats généralement avortés et médiocres. La pensée allemande s'est engagée dans des voies nouvelles, ouvertes à l'intelligence moderne par le développement de la philosophie et des connaissances historiques. Il l'en a applaudie. Il ne s'est pas assez demandé si dans ces voies difficiles elle ne pataugeait point.

La manière perpétuellement litigieuse et ironique dont Voltaire et son école écrivaient l'histoire des mythologies, des religions, des conceptions imaginatives de l'univers qui s'étaient succédé au cours des âges, en était venue à paraître chétive, maigre et desséchée, au regard des abondantes notions que l'on avait acquises sur la genèse naturelle, la fécondité poétique et le rôle social de tous ces produits de l'esprit humain. Herder entreprend une histoire universelle des idées des peuples, chaleureuse, nourrie, tout animée de sympathie communicative et d'une véritable passion d'exploration psychologique, mais confuse aussi, ne dessinant rien avec force et netteté, d'un brillant mol et sans relief, et où tout se noie dans je ne sais quelle uniformité de couleur. Cependant un souffle frais la traverse. Cela suffit au jeune Renan. Et d'autant plus que ces sortes de livres, à la fois médiocres et bourrés de choses, ont de grands attraits pour une imagination puissante et fine comme la sienne, dont ils excitent la faculté créatrice en l'obligeant, pour ainsi dire, à les refaire et à les achever à mesure qu'elle les lit.

Le dessein général de la philosophie kantienne a quelque chose d'élevé et de nécessaire. L'empirisme philosophique a ruiné sans remède chez un grand nombre d'esprits modernes les idées métaphysiques d'où paraissait dépendre le sens le plus élevé que l'homme puisse concevoir de sa destinée, de ses devoirs, de la mission de l'espèce humaine. L'intérêt de la civilisation veut qu'il soit suppléé à la déficience de ce soutien supérieur. Il s'agit de trouver dans la constitution même de l'humanité, dans les conditions de son être, la base de certitudes pratiques, indépendantes de toute métaphysique dogmatique, qui continuent de justifier à ses yeux la poursuite de fins aussi hautes. La manière dont Kant réalise ce dessein dans son système prête à d'énormes critiques ; et l'on a pu prouver que les principes de sa morale vont, pour une part, à contre-fins, par les conséquences barbares dont ils sont gros. Renan ne s'est pas intéressé au système. La grandeur de l'entreprise kantienne l'a contenté et lui a inspiré ses hymnes.

Les dogmes chrétiens sont minés par la critique philosophique et par l'exégèse en tant que propositions de métaphysique. Mais ce n'est pas seulement et ce n'est pas principalement en tant que propositions de métaphysique qu'ils ont été embrassés par la foi religieuse de l'humanité chrétienne. Ne pourrait-on en abandonner les expressions intellectuelles indéfendables, renoncer à la lettre des affirmations historiques surnaturalistes qui y sont impliquées, et leur conserver cependant une certaine substance efficace ? Ces dogmes commandent au chrétien certains sentiments, certains actes. Ne pourrait-on, par exemple, trouver dans les irrécusables expériences intérieures de l'âme humaine, non plus de l'âme primitive et naturelle, mais de l'âme qui, en fait, a passé au feu rénovateur de l'action exercée par Jésus et par la parole évangélique, la preuve pratique de l'absolue bonté de ces sentiments, de l'absolue valeur de ces actes ? Schleiermacher, les théologiens de la « droite » hégélienne se sont essayés à des apologétiques de ce genre, mères de ce qu'on a appelé, depuis, l'immanentisme ou le modernisme. On conçoit que Renan, à l'époque où il s'arrachait péniblement au christianisme et à la cléricature, ait conçu une grande espérance en ces tentatives sans en étudier le détail et la mise en œuvre.

CHAPITRE X

COMPLEXITÉS POLITIQUES

Le cadre de cet écrit s'accommoderait mal d'une étude des idées politiques de Renan. Une telle étude, pour donner des résultats tout à fait vrais, doit se relier à une histoire suivie de sa pensée et de sa carrière, parce que les observations et les conseils qu'il a émis, dans l'ordre politique, se relient eux-mêmes aux événements publics dont il a été le témoin. De plus, si remarquable et profond esprit qu'il se soit montré sur les problèmes de cette catégorie, il n'y a pas pris et ne pouvait y prendre une position aussi originale que sur les problèmes de critique religieuse. Ses écrits politiques disparaîtraient que la littérature en éprouverait la plus déplorable perte. Mais la chaîne des conceptions et systèmes politiques du XIXe siècle n'en serait pas privée d'un anneau indispensable, comme si l'on supprimait Joseph de Maistre, Bonald ou Tocqueville.

Pourtant, comme on discute beaucoup sur la pensée politique de Renan et que les partis, ainsi qu'il est d'usage, veulent se l'arracher, mes lecteurs seront peut-être satisfaits de trouver ici quelque éclaircissement sur ce point en litige. Ce que j'en dirai n'a que la portée d'une simple note.

Je négligerai la passagère effervescence de démocratisme dont il fut saisi sous l'influence immédiate de la Révolution de Février. Le spectacle des journées de Juin le guérit promptement de cette fièvre.

A partir de là, il conçut à l'égard de la démocratie une méfiance profonde dont il ne s'est jamais départi, au moins dans le domaine théorique. Ce sentiment se reliait étroitement à son antipathie pour l'industrialisme. C'étaient là à ses yeux deux maux solidaires, dont il ne voyait point comment la civilisation pourrait s'accommoder. Il les considérait comme une chute de la civilisation. L'industrialisme est matériellement le fils des sciences physiques dont les progrès d'applications l'ont rendu possible. Moralement, il est un rejeton de la démocratie. La démocratie fait tomber les autorités sociales héréditaires qui ont pour objet naturel d'assurer le règne de la moralité et de l'intelligence dans la nation et qui ne peuvent être sérieusement remplacées dans cet office par des autorités nées du suffrage de la masse et renversables selon le caprice et l'impression du jour. Ces vieilles autorités détruites auraient pu modérer, et elles s'en seraient fait un devoir, la poursuite du bien-être et du progrès matériel qui s'est follement déchaînée dans les sociétés modernes, de façon à y conserver à la vie de l'esprit sa légitime prééminence. En leur absence, le matérialisme des gens d'affaires et celui des masses ouvrières ont trouvé le champ libre. Ils se sont spontanément conjugués pour faire prévaloir dans les préoccupations de la société les intérêts et les jouissances sur les choses morales. Leur accord a rendu de plus en plus difficile et étroite l'existence des institutions, des professions, des personnes dont la valeur et la raison d'être sont d'ordre spirituel. Les valeurs spirituelles reposent sur le désintéressement personnel et elles sont d'essence aristocratique. Leur supériorité de nature fait leur faiblesse. Elles ont besoin d'être protégées. L'Etat moderne est condamné à ne leur accorder qu'une protection de plus en plus faible, parce qu'il ne peut mettre contre lui ce qui est aujourd'hui le plus puissant.

Renan n'a pris à l'égard de l'un ni de l'autre régimes sous lesquels il a vécu, et dont il a été d'ailleurs un haut fonctionnaire, posture d'opposition. Il n'en faut rien conclure en aucun sens, quant au fond de ses idées. Quelles que fussent celles-ci, il a fait ce que doit faire un homme intelligent qui veut travailler en paix, surtout à de hauts travaux, et conserver pour cela, du côté extérieur, cette entière tranquillité de l'esprit, *res prorsus substantialis*, disait Newton, hors de laquelle tout ce qui s'appelle littérature, philosophie, critique naît amoindri, faussé, vicié ; à moins cependant qu'il n'appartienne au genre littéraire de la polémique. Mais ce genre ne suffit pas à tout. L'opposition politique est une profession ; et c'est une profession très noble, si elle a pour sincère inspiratrice une certaine idée du bien public et des nécessités de la patrie. Mais elle prend l'homme tout entier. Un savant, un professeur, comme Renan, n'aimerait-il pas beaucoup la forme de l'Etat, n'encourt aucun reproche, du fait qu'il s'est honnêtement arrangé avec lui, parce que c'est sous cette tutelle qu'il peut encore penser le plus librement. Renan n'a ni plus ni moins été « républicain » sous la République que bonapartiste sous le second Empire. Il a été bon Français et honnête homme sous les deux. « Nous, écrivit-il à Berthelot, qui ne sommes attachés qu'à la vérité et à la patrie. » Il avait le droit de l'écrire.

Cette absence d'intervention dans la politique du jour et de l'heure ne l'empêchait pas d'exprimer des vues à longue portée sur les conditions d'existence de son pays depuis la Révolution, vues qui contenaient des jugements implicites sur les directions et actions des gouvernements successifs. Ces vues ont quelque peu varié ou plutôt il a appliqué à la question des modes de raisonnement différents qui l'ont conduit à des résultats différents. Quand il s'est référé à ce que lui enseignaient de plus général la psychologie et l'histoire sur les conditions de vie, de continuité, d'indépendance et de vigueur des nations, il a fait puissamment le procès de la Révolution française. Mais un jour, vers 1890, il déclara s'en rapporter au prochain jugement du fait. Que dans vingt ans, notre République démocratique fût tranquille au dedans, acceptée et respectée au dehors, c'est que l'événement aurait prononcé et le régime fourni ses preuves, sinon d'excellence, au moins de suffisance. Une autre fois, il s'écriait : « Cette grande Révolution française, on en dit tant de mal à l'étranger que je me demande quelquefois si ce n'est pas ce que nous avons fait de mieux. » Il changeait, comme on voit, de criterium. A moins qu'on ne préfère dire qu'il abaissait ses exigences, ce qui est quelquefois une abdication et quelquefois une sagesse, mais toute momentanée.

Après la guerre, alors qu'il n'existait que du provisoire et que la question du régime était en suspens, il écrivit un plaidoyer théorique, et qui n'aurait peut-être pas demandé mieux que de devenir pratique, en faveur de la monarchie. Mais

il n'appartenait pas à un professeur au
Collège de France de croire plus à la possibilité pratique de la monarchie que les
princes et leurs agents, qui n'y crurent
point, bien que, selon toutes les apparences, ils eussent alors pu la faire. Renan, qui
écrivait, en sortant de Saint-Sulpice que
« Dieu l'avait trahi », aurait pu écrire
que les prétendants le trahissaient. Leur
abstention donnait, avant la lettre, un sens
fort précis au mot fameux d'Anatole
France, définissant la République « l'absence de prince », mot qu'on a justement
trouvé dur pour la République, mais qui
l'est bien plus pour le prince, s'il est vrai
que ce soient les absents qui ont tort.
La *Réforme intellectuelle et morale* n'en
est pas moins un traité de politique française singulièrement digne de méditation
par la riche généralité des observations
qui en constituent le fond. La Monarchie,
défendue par une intelligence de ce réa-
lisme et de cette force, est une excellente
position théologique pour critiquer la Ré-

publique et la stimuler au mieux. Renan signale à la démocratie le danger mortel de dispersion et de dissolution nationale qui lui est inhérent. La France est, par nature et comme corps national, une monarchie. C'est le Roi qui l'a faite, comme un paysan fait son domaine en acquérant lopin sur lopin avec ses économies de travailleur. Toutes les parties qui la composent sont autant de parties de l'œuvre royale. La France « tient » par l'action du Roi, qui survit au Roi. Mais combien de temps lui survivra-t-elle ? Et quelle est la mesure des épreuves auxquelles l'unité forgée par le Roi pourra résister sans le Roi ? Est-ce que l'engendré ne 'expose pas à la mort en se séparant de l'organe générateur sans lequel il ne serait point ? On pourrait objecter, non sans force, à Renan, que depuis un demi-siècle que ces avertissements ont été donnés, l'unité nationale s'est conservée et au milieu de quelles secousses ! Nous l'avons vu prêt d'avance à s'incliner devant l'objection. Mais, sans doute, eût-il invité les Français à rechercher si leur unité nationale, toujours ferme comme le roc, n'était pas cependant celle d'un corps en train de s'amaigrir par le dedans et qui demanderait une grande régénération intérieure.

S'il n'a jamais été d'un parti, on peut cependant observer chez lui une certaine doctrine constante d'après laquelle, abstraction faite de la nature ou de la dénomination du régime existant, il a apprécié les faits. C'est le libéralisme. Renan a été (c'est ce que j'aperçois chez lui de plus suivi) un libéral dans le sens de la Restauration. Il a écrit que la Restauration avait été le meilleur gouvernement du XIXe siècle. Son libéralisme n'est pas un libéralisme démocratique et individualiste à la Benjamin Constant. Ce serait plutôt celui de Royer-Collard dans un tour beaucoup moins doctrinaire et pincé. Ce qu'il demande, avant tout, c'est l'inter-position entre le pouvoir central de l'Etat et la masse nationale, de grands corps à recrutement héréditaire et cooptatif, destinés à défendre les intérêts les plus élevés de la nation et à entretenir la noblesse de sa vie. De telles idées planaient quelque peu au-dessus des faits entre 1860 et 1892, année de la mort de Renan. Ce n'est pas là un reproche, quand les faits sont petits. Mieux vaut qu'il y ait quelques esprits pour les regarder de haut. C'est encore le meilleur moyen de contribuer à les relever, pour qui n'a pas charge d'y mettre directement la main.

CHAPITRE XI

CONCLUSION

Le plus beau paysage du monde, s'il est un peu accidenté, perd son charme, quand on le voit en panorama. Les couleurs et les reliefs des côteaux s'effacent dans l'uniformité d'une masse monotone. Les villages, les bois, les cultures, les jardins, les cours d'eau, les chemins ombreux, d'où les vallées reçoivent leur vie et leur grâce, s'estompent dans l'enveloppement d'une brume ensoleillée. Du fleuve, on n'aperçoit que de grandes nappes d'eau qui s'étalent de loin en loin et paraissent immobiles. Il faut s'engager dans le pays en promeneur sans soucis, libre d'y flâner indéfiniment et de céder à l'appel de tout ce qui tente les yeux, pour acquérir une idée de ses beautés naturelles et de ses aspects enchanteurs. Cependant celui qui n'a fait que flâner en amateur dans le pays et le parcourir en détail, sans en jamais considérer la totalité, soit d'une hauteur qui le domine, soit sur la carte, ne peut pas précisément dire qu'il le connaisse. Il ne le connait pas, au sens du géographe qui se propose d'en définir la configuration générale, au sens de l'ingénieur qui a de grands travaux à y entreprendre, au sens du chef militaire qui prévoit des batailles à y livrer. Pour ces techniciens, c'est à la forme géométrique d'une région, à sa constitution géologique, à sa praticabilité, à ses ressources, en un mot, aux données d'ensemble qui la concernent, que l'intérêt s'attache avant tout, et non pas au caractère de ses sites et à l'agrément de ses perspectives.

S'il nous est permis de comparer l'œuvre d'un grand écrivain à une vaste et belle contrée qui se déroule pour notre instruction et notre plaisir, nous dirons que la critique qui l'étudie doit la considérer de l'une et l'autre manière. Elle en doit dessiner et mesurer la structure, l'ossature générale. Elle doit peindre la chair dont cette ossature se revêt et en faire goûter les couleurs vives et variées. Toute œuvre qui compte grandement dans l'histoire des lettres se prête à ces deux inspections, l'une sévère, l'autre semée de délicates jouissances. Toute œuvre littéraire d'une réelle importance a une philosophie et une poésie. Elle repose sur un certain fond d'idées, elle agite un certain fond de questions qui ont occupé l'intelligence de son auteur et circonscrivent son domaine dans la suite d'une littérature. D'autre part, elle anime ces idées et ces questions, qu'elle ne traite pas doctrinalement, (ceci est plutôt l'affaire du philosophe), en s'en inspirant dans les tableaux de la vie qu'il lui a plu de représenter.

De ces deux objets de l'étude critique,

je n'ai touché dans le présent volume que le plus abstrait. Encore ne l'ai-je touché que d'une façon bien sommaire, sans autre prétention que d'en présenter une esquisse. J'ai indiqué, sous leurs traits les plus généraux, les grandes questions auxquelles se rapporte directement ou indirectement, presque tout ce que Renan a écrit. Je n'ai rien dit des créations d'artiste dont ces questions s'illustrent chez lui. Son œuvre d'historien, ce fleuve ample et rayonnant des *Origines du christianisme*, où se succèdent et se mêlent les récits des voyages apostoliques et des vicissitudes de l'Eglise naissante, les peintures de l'Empire romain, les descriptions morales et physiques du monde oriental ; son œuvre de critique, d'essayiste et de moraliste, où il définit et fait vivre en des aperçus larges et baignés de fine lumière, l'esprit des vieilles religions de l'humanité et des littératures lointaines, où il analyse les éléments constitutifs, sonde le fort et le faible des civilisations spirituelles qui se sont successivement remplacées dans l'histoire, depuis les plus anciennes jusqu'à la moderne ; son œuvre de dramaturge de fantaisie, où, au soir de son existence, il a condensé sous une enveloppe légère et lyrique, les sentiments profonds, subtils, entremêlés de pathétique tendre et d'âpre désillusion, d'apparente ironie et de colère cachée, avec lesquels il considérait, du plus intérieur de son âme, la condition de l'homme et les enchevêtrements de l'intrigue humaine ; son œuvre autobiographique, où il a trouvé moyen d'accorder aux harmonies de la prose française la plus soutenue et la plus fluide, les complexités mobiles et les sautes de vent de son fond breton, où il a tissé la narration et l'explication des aventures d'esprit les plus fortes et les plus hardies avec des fils légers et transparents comme des fils de la Vierge ; voilà tout ce dont je n'ai pas touché un mot, et je n'avais pas à le faire dans le cadre de cet écrit. Je n'ai pas parlé davantage de ses travaux d'érudit où il ne faut guère chercher les investigations de première main, les fixations magistrales de points ignorés ou controversés, mais où une intelligence critique d'un flair et d'une pondération singulière excelle à écarter les systèmes outrés ou faux et à semer les suggestions profitables aux spécialistes mieux spécialisés. Bref, ce qui constitue la *matière* même de l'œuvre de Renan, je ne m'en suis pas occupé.

Un simple aperçu des grands problèmes qui fournissent à cette œuvre ses thèmes généraux, de ceux-là du moins qui conservent le plus vivant intérêt pour nous, m'a semblé utile à cette heure. Et ce n'est pas dans l'intérêt particulier du nom de Renan, mais dans l'intérêt général de l'intelligence, que je l'oppose aux décrets en l'air d'une critique frivole, prompte à régler le compte d'un grand esprit et qui en parle (dans un sens ou dans un autre, au reste) d'après des impressions ou informations superficielles et attrapées au hasard, sans mesurer l'étendue et les profondeurs du sujet dont elle parle ni ce qu'il serait bon de s'être donné la peine d'apprendre pour en parler sans indécence intellectuelle.

C'est par l'ampleur et par la délicatesse de ces problèmes que s'expliquent et que seront excusés, j'espère, les lenteurs et les vicissitudes du travail dont je me suis permis de parler au début du présent volume. J'invoque cette excuse auprès des personnes qui, trompées par une annonce venue trop tôt, demandent chez les libraires un ouvrage qui est très avancé, mais qui n'est pas fini. Je m'étais abusé sur la durée du travail. Ou plutôt, j'avais mal mesuré les proportions de l'œuvre. Parti pour une navigation côtière, je me suis vu entraîné vers la haute mer. Certes, l'histoire de Renan m'attache singulièrement par elle-même. Mais cette histoire est un drame intellectuel et ce drame d'un individu n'eût pas tant attiré la curiosité de son siècle s'il n'eût été le drame de ce siècle. C'est comme tel, dans sa généralité et son importance impersonnelle que j'ai voulu aussi l'étudier et l'approfondir. Pour cela, il me fallait remonter à ses origines, refaire l'histoire de toutes les idées et les sentiments qu'il met en conflit. Entreprise qui demande une longue et minutieuse élaboration. — « C'est un véritable poème indou que vous faites, me disait récemment un de mes amis à qui je montrais mon plan. En 1923, c'est une drôle d'idée ! — Je le crois. Mais cette idée a pour moi un mérite énorme : c'est qu'elle m'intéresse. Et je m'en tiens au précepte du grand Mistral qui disait que l'artiste ne doit avoir qu'une chose en vue : se contenter soi-même. »

Pourtant cette tâche ne m'eût pas contenté, si elle ne m'avait conduit qu'à rédiger quelques bons et copieux articles pour un dictionnaire de psychologie historique, d'histoire philosophique ou d'histoire religieuse. Bornée à ce résultat d'érudition, elle aurait pu avoir un grand prix ; elle n'aurait pas satisfait un certain goût de vivre, un certain amour de créer que je sens en moi. Mais je ne la crois point moralement et pratiquement inféconde. Si nous pouvons améliorer et relever les points de vue de Renan, si, sur les questions générales qu'il a agitées à de grandes profondeurs, nous pouvons atteindre à des perspectives plus sereines et aussi plus décidées que les siennes, ce ne sera qu'en poussant plus loin qu'il n'a fait, le sondage historique et psychologique des irrécusables données de ces questions. Une telle ambition n'a rien de contraire à la modestie que la fréquentation d'un tel esprit est bien faite pour nous inspirer. Mais aussi sommes-nous les bénéficiaires du grand mouvement qu'il a imprimé aux études de ce genre et qui s'est fait sentir partout, même (ou surtout) chez ceux-là qui expriment le regret qu'il ait existé.

De plus, nous possédons la leçon des
expériences qu'il nous a été donné de
faire depuis qu'il n'est plus.

Pour ma part, cette révision des idées
de Renan, qui part, en quelque sorte, de
Renan même, je m'y essaye dans un esprit
qu'on me permettra de définir par ces
deux formules : disposition entièrement
critique et libérale de l'intelligence, foi
au progrès. La disposition critique et
libérale est celle d'une intelligence avide
de la plus grande plénitude possible de
développement et de vie, avide de recevoir toutes les impressions de la réalité
et assez frappée des bornes que lui im-
pose sa faiblesse naturelle pour n'y pas
vouloir ajouter encore les œillères d'un
système. Une telle disposition, impliquant d'elle-même une certaine énergie
de la volonté, n'a rien de contraire aux
intérêts de l'action. Elle est la condition
de toute action directement salutaire ;
car agir avec des vues trop partielles ou
trop courtes, c'est semer de ses propres

mains la ruine très prochaine de ce qu'on
fait. C'est pourquoi elle a l'affinité la
plus intime avec la foi au progrès. Ah !
voila une foi qui va m'attirer des moqueries. Je dis d'avance à ces moqueries
qu'elles sont sottes. Il est clair que je ne
crois nullement au « progrès fatal ». Mais
je ne fais pas davantage dépendre uniquement le progrès de la bonne volonté
et de la sagesse de l'homme, qui sont si
chétives et doivent, dans la plupart des
cas particuliers, se reconnaître si impuis-
santes. La nature, le mystère de l'être
y sont pour quelque chose. La phrase de
Victor Hugo : « Le progrès se prouve par
A + B » est plus ridicule que bête.
L'humanité vit. Elle s'est maintenue avec
une ténacité prodigieuse contre toutes
les tempêtes de l'histoire et toutes les
hostilités de l'univers. Elle vit mal, mais
elle vit. Et elle a créé des choses magnifiques cent fois détruites et cent fois re-
commencées. Il faut qu'au total la somme
du bien l'emporte sur la somme du mal

dans sa constitution, comme elle l'a emporté dans son existence. D'autre part, conserver ses acquisitions ne saurait lui suffire. Elle est condamnée au changement perpétuel. Elle est le Juif-errant. Si elle répète sans cesse ses plus vieilles expériences et si elle a tout intérêt à n'en pas perdre les enseignements, elle ne cesse non plus d'en faire de nouvelles et de voir de nouveaux pays. Et ce voyage la jette toujours devant des difficultés nouvelles. C'est pourquoi le bien demande toujours une rénovation. Et cette rénovation c'est le progrès. Progresser ou mourir, c'est notre destin.

On va fêter le centenaire de Renan. Cette commémoration aura lieu au Collège de France, à l'Académie des Inscriptions, à l'Académie française. C'est à ces hauts asiles qu'elle convient, non à la place publique, où le souvenir d'une intelligence qui a tout sondé, d'une âme universellement sensitive que tout a touchée, serait insulté par les contresens de la multitude et les adultérations des partis.

Pour moi, qui n'ai pas tant étudié son œuvre et les résultats de son passage en ce monde sans me former à ce sujet une assez grande abondance de vues et de sentiments, je ne chercherai pas la formule dithyrambique où se pourrait enclore ce que j'en pense de meilleur. Les dithyrambes n'ont guère de sens. Je préfère (est-ce une naïveté ?) me rappeler le jour de ma jeunesse où j'appris sa mort. C'était en octobre. Je me trouvais en Béarn, dans ma chère patrie. Je ne pus continuer la lecture du journal qui m'apportait la nouvelle. Je cherchai la solitude des bois pour y suivre, tout le jour, le long rêve où elle me plongeait. Aucun des grands esprits que j'ai vus disparaître n'a laissé dans mon imagination un pareil sillage. La mémoire de ce long rêve, qui sûrement était noble, je la garde et la garderai toujours, pénétrante comme la tiède atmosphère de cette journée d'automne qu'il occupa ; elle me suivra sans faire tort à l'indépendance d'une critique qui, uniquement attentive au bien général des esprits, ne se laissera séduire ni en faveur d'Ernest Renan ni contre lui. Qu'elle soit ma discrète contribution aux fêtes de son centenaire !

Paris, décembre 1922-janvier 1923.

TABLE DES MATIÈRES

ACHEVÉ D'IMPRIMER
LE 10 FÉVRIER 1923
PAR F. PAILLART, A
ABBEVILLE (FRANCE).

www.ingramcontent.com/pod-product-compliance
Lightning Source LLC
LaVergne TN
LVHW010108070726
842525LV00017B/929